부시파일럿,
나는 길이 없는 곳으로 간다

● 일러두기
책 주제에 맞는 구성을 꾀하고자 초판 8쇄부터 기존 내용 중 일부를 제외, 편집하였음을 밝힙니다.

부시파일럿, 나는 길이 없는 곳으로 간다

초판 1쇄 발행 2016년 1월 15일
초판 11쇄 발행 2025년 1월 20일

지은이 오현호

펴낸이 조기흠

총괄 이수동 / **책임편집** 송지영 / **기획편집** 박의성, 최진, 유지윤, 이지은
마케팅 박태규, 임은희, 김예인, 김선영 / **표지, 본문 디자인** [★]규 / **제작** 박성우, 김정우

펴낸곳 한빛비즈(주) / **주소** 서울시 서대문구 연희로 2길 62 4층
전화 02-325-5508 / **팩스** 02-326-1566
등록 2008년 1월 14일 제 25100-2017-000062호

ISBN 979-11-5784-482-1 13320

이 책에 대한 의견이나 오탈자 및 잘못된 내용에 대한 수정 정보는 한빛비즈의 홈페이지나
이메일(hanbitbiz@hanbit.co.kr)로 알려주십시오. 잘못된 책은 구입하신 서점에서 교환해드립니다.
책값은 뒤표지에 표시되어 있습니다.

⌂ hanbitbiz.com f facebook.com/hanbitbiz N post.naver.com/hanbit_biz
▶ youtube.com/한빛비즈 ⊚ instagram.com/hanbitbiz

지금 하지 않으면 할 수 없는 일이 있습니다.
책으로 펴내고 싶은 아이디어나 원고를 메일(hanbitbiz@hanbit.co.kr)로 보내주세요.
한빛비즈(주)는 여러분의 소중한 경험과 지식을 기다리고 있습니다.

Bush

부시파일럿,
나는 길이 없는 곳으로 간다

오현호 지음

HB 한빛비즈
Hanbit Biz, Inc.

스쿠버다이빙 강사

사하라 사막 마라톤 250km 완주

아프리카 르웬조리 산맥 등정

영어, 프랑스어 어학 능력

삼성전자 중동 총괄 PM

모두가 부러워하는 삶에 가까워지고 있을 때

나는 사표를 냈다.

하늘을 내려다보고 싶다는 열망 하나로
안정된 직장을 그만두고 새로운 도전을 시작한

한 남자의 이야기

나는 무기력한 학생이었다.

수능 7등급, 반에선 49명 중 43등.

잘 논다거나 특기가 있는 것도 아니고

끔찍할 정도로 삶이 무기력한 학생.

운 좋게 대학에 들어갔지만

변한 것이라고는

무기력한 고등학생에서

무기력한 대학생이 됐다는 것뿐이었다.

이런 식으로 살아도 될까?

두려움이 밀려왔다.

더 절박하고 치열한 곳으로 나를 내치지 않는다면

평생 재미없게 살다가 후회 속에서 죽을 것 같았다.

나는 변해야 했다.

더 나은 내가 되기 위해
나를 극한의 환경으로 내몰기 시작했다.

해병대에 들어갔다.

지옥 같은 그곳에서 진짜 '나'를 발견했다.

자전거로 무전여행을 떠났다.

길에서 만난 사람들은 내가 하고 싶은 일이 무엇인지 일깨워 주었다.

스쿠버다이빙을 배우기 위해 무작정 호주로 향했다.

맨몸으로 들어간 바다 속에는 하늘보다 넓은 세상이 있었다.

변하고 싶다는 생각만으로 시작한 무모한 시도들은

정말로 내 인생을 바꾸어 놓았다.

결국 나는 꿈에 그리던 대기업에 들어가 승승장구하는

'멋진 인생'을 만났다.

정말 그런 줄 알았다.

'내 인생의 전략은 뭐지?'

평소처럼 정신없이 야근하며

사업 전략을 고민하던 어느 날 밤

문득 내 '인생 전략'을 마지막으로 고민해 본 게 언제였는지

의문이 들었다.

땀과 눈물로 얼룩진

절망스러웠던 나의 지난날이 미치도록 그리워졌다.

사직서를 제출했다.

이유는 간단했다.

나는 도전하면서 변한 사람이었다.
먼 훗날 나를 돌아보며 후회하고 싶지 않았다.

2015년, 서른둘

꿈으로만 간직해 온 파일럿이 되기 위해

나는 다시 학교에 다닌다.

매일 밤 초주검이 되어 잠들지만

이것 하나는 분명히 느낄 수 있다.

나는 지금 살아 있다.

"삶을 관조와 관찰로 대체하지 마라." _구본형

그리고

힘든 시기를 겪고 있거나

무기력에 빠져 있다면

이 말을 꼭 전하고 싶다.

"지금의 삶을 바꾸고 싶다면
가장 치열한 곳으로
당신을 던져라."

오현호

"오현호 씨, 꼭 가야겠어?"

"붙잡아 주셔서 감사합니다. 근데 지금이 아니면 안 될 것 같아요."

2012년 봄, 두바이 비즈니스 센트럴 타워 43층 회의실. 일주일 전 새로 부임한 인사 담당자가 마지막으로 나를 붙잡았다. 차가운 에어컨 바람 속으로 두바이의 강한 햇살이 내리쬐고 있었다.

하늘을 나는 파일럿이 되고 싶었다. 왠지 할 수 있을 것만 같았다. 10년 후 책상 앞에 앉아 모니터만 바라보는 차장, 부장이 되기는 싫었다. 물론 나는 무모했다. 비행에 소질이 있을지, 칵핏(cockpit, 조종석) 속 업무가 적성에 맞을지 아무것도 확신할 수 없었기 때문이다.

일이 마냥 싫은 것도 아니었다. 리저널 프로덕트 매니저(regional product manager). 삼성전자의 생활가전제품을 중동 지역에 홍보하고 매출 전략을 세웠다. 중동 여러 나라에 나갈 수십억짜리 TV 광고를 제작하고, 각종 제품의 론칭 행사를 기획하고, 기자 회견 등을 진행하는 일은 적성에 잘 맞았다. 사실 대학 때부터 꿈꿔 온 '성공한' 비즈니스맨의 모습과 흡사했다.

바다가 보이는 집에서 외제차를 몰고 출퇴근하며, 정장을 빼입고 해외 출장을 다니거나 클라이언트와 기자들 앞에서 영어로 프레젠테이션을 하곤 했다. 고급 식당에서 저녁을 먹고 돌아오면 새하얀 킹 사이즈 침대에서 잠들었다.

작은 성공을 거두었지만 정말 행복한가에 대한 의문이 남았다. 머릿속에서 그리던 꿈과 눈앞의 현실은 상당한 격차가 있었다. 5년 후의 내 모습을 그려 보면 설렘이나 박진감이 전혀 없었다. 내가 꿈꾸던 삶이 아님이 분명해지는 순간이었다.

파일럿이 되고 싶었고, 그러려면 회사를 그만둬야 한다는 결론에 다다랐다. 성공 확률은 아는 만큼 높아지는 법. 무엇을 준비해야 할지 알아야 그에 맞는 짐을 꾸려서 길을 떠날 수 있을 것 아닌가.

몇 년 후 누군가 물었다.

"파일럿이 될 거란 확신도 없이 어떻게 회사를 나올 용기가 생겼죠?"

"저는 애초부터 가진 게 없는 사람이에요. 회사를 그만둔다고 당장 거지가 된다거나 인생의 낙오자가 될 거라 생각하지 않았습니다. 원점으로 돌아왔을 뿐이죠. 물론 파일럿이 될 수 없을지도 모른다는 생각은 했습니다. 적성에 안 맞을 수도 있고, 건강 상태가 나빠져서 비행을 못 하는 상황이 올 수도 있으니까요. 그래도 괜찮습니다. 어차피 저는 아무것도 없이 시작했고, 딱히 대단한 것도 없으니까요."

무언가를 내려놓는다는 것, 몇 년간 닦아 온 길을 두고 수풀이 우거진 길로 나아가는 것. 무슨 일이든 시작하기 전에는 두려움이 생긴다. 경험한 적이 없으니 걱정되는 것은 당연했다.

나 같은 일반인이 파일럿이 되려면 어떤 방법이 있는지, 어떤 항공사에서 모집하고, 전형은 언제 시작하고, 1년에 선발하는 인원이 몇 명이고, 선발된 사람들의 나이는 어느 정도인지, 시험은 어떤 과정을 거치는지, 탈락 원인은 무엇인지 등 조사해야 할 일이 수도 없이 많았다.

정보를 모으는 일이 끝나면 이제부터는 주위 사람들하고 생각을 나눠야 한다. 나를 잘 아는 선배나 가장 가까운 친구들은 어떻게 생각하는지 묻고 다양한 관점에서 조언을 구하다 보면 내가 미처 생각하지 못한 부분을 발견할 수 있다. 내 눈으로 내 뒤통수를 볼 수 없듯이 스스로 보지 못하는 부분은 반드시 있기 마련이다. 이 두 가지 일을 반복하며 사직서를 제출하는 데 걸린 시간이 10개월이었다.

고민은 끝도 없이 이어졌다. 내가 잘할 수 있을까? 나이 서른이 넘어서 백수로 살지는 않을까? 실패한다면 다시 취업할 수 있을까? 자칫하면 빈털터리가 될 텐데 결혼은 어떻게 하지? 부모님께는 뭐라고 말씀드려야 할까? 하지만 나는 알고 있었다. 고민이 깊어지고 망설이고 머뭇거릴수록 더 나은 내가 되기 위해 노력하리라는 사실을.

발전해 나가려는 의지가 없다면 굳이 회사를 그만두고 파일럿에 도전할 필요가 없었다. 매달 꾸준히 들어오는 월급을 포기하고 맨땅에서 뒹굴 이유가 없었다. 5년 후, 아니 10년 후 지금보다 더 행복할 내 모습을 그리며 도전하는 것이다.

지금은 새벽같이 일어나지 않아서 좋다. 단순히 늦잠을 자서 좋은 것이 아니라 하루를 온전히 마음먹은 대로 시작할 수 있는 게 고맙다. 퇴근하고 집에 돌아와서까지 마치지 못한 업무 걱정에 쉬면서도 쉬는 게 아닌 시간을 보낼 필요가 없어서 더 좋다. 일에서 벗어난 온전한 주말을 맞이할 수 있다는 것만으로도 천국이다.

물론 통장이 얇아져서 포기해야 하는 일도 많다. 이따금 내 삶의 속도가 남들보다 더뎌지는 것은 아닐까 싶을 때도 있다. 또래 친구들이 슬슬 결혼을 하고, 아이를 낳고, 집을 사고, 더 먼 미래를 설계하는 걸 보면 홀로 뒤처진 느낌이 들기도 한다. 하지만 모든 일은 장단점이 있다고 믿는다.

나는 장점만 보고 달려가기에도 시간이 모자라다.

CONTENTS

Part 1

나는 지금
절벽에 매달려 있다

"넌 인마, 왜 항상 이따위야?"

고등학교 1학년 때 담임선생님이 말씀하셨다.

"이 자식 아직도 정신을 못 차렸네?"

고등학교 2학년 때도 비슷한 말을 들었다.

3학년 때 담임선생님하곤 몇 마디 나누지 않았지만 딱 한마디는 기억난다.

"너 영화배우 같은 거 하면 어떠냐? 왠지 잘할 것 같은데."

누군가에게 처음으로 들은 긍정의 말이었다.

하고 싶은 일이 없었다. 내가 왜 사는지에 대한 고민은커녕 내가 좋아하는 게 뭔지도 몰랐다. 공부를 잘하는 것도, 운동을 잘하는 것도, 친구들에게 인기가 많거나 이끄는 타입도 아니었다. 그저 모든 일에 소극적이고 언제나 무기력했다. 있어도 그만 없어도 그만인 투명인간 같은 존재였다.

선생님들이 공부 못하는 아이들을 바라보는 특유의 눈빛이 있다. 물론 다 그런 것은 아니지만 내가 기억하는 분위기가 그렇다. 내신 7등급이라는 열등감에 휩싸여 멋대로 느꼈을지도 모른다.

문제는 그 느낌이 조금씩 무뎌진다는 것이다. 그럴 때면 정말이지 무섭다. 나는 아무런 도움이 안 되는 사람, 무능한 사람, 문제아라고 단정 짓고 체념하는 상황에 무감각해지는 것이다. 왜 그토록 자연스레 인정했을까, 왜 달라지겠다는 마음조차 갖지 않았을까. 돌이켜 보면 이해되지 않는 부분이 한두 가지가 아니지만 후회는 하지 않는다. 그래도 친구들하고 함께한 기억과 아름다운 순간들이 있으니까.

사람들은 나를 부유한 집에서 편하게 자라 온 '은수저'쯤으로 안다. 해외에서 지낸 시간이 많아 그렇게 보일지도 모른다. 그러나 현실은 초등학교 6학년 때 부모님이 지인에게 보증 사기를 당해서 집안이 크게 기울었다. 정말 긴 시간이었다. 부모님은 법원을 드나드는 한편 도주해 버린 지인을 찾으러 다니기도 했다. 어릴 때라 정확한 사정은 잘 몰랐지만 당시의 부모님은 정말 절박한 상황이었을 것이다.

악재는 한꺼번에 온다고 했던가. 아버지가 심각한 교통사고까지 당하면서 집안은 그야말로 아수라장이 되어 버렸다. 아버지는 회사를 그만두었고, 어머니는 생활비라도 벌 요량으로 작은 식당을 열었다. 얼마 후 아버지도 없는 돈을 끌어 모아 작은 사무실을 열고 사업을 시작했으나 불운은 끝이 없었다.

결국 우리는 조금 더 작은 집으로 이사를 가게 되었다. 크기는 절반으로 줄었지만 창문으로 아카시아 향이 들어오는 운치 있는 집이었다. 그 집에 사는 동안 많은 일이 있었다. 두 아이의 학원비조차 버거웠던 부모님은 내게 프랑스 친지의 집에 머물며 공부해 볼 것을 권했다. 나는 이국에 대한 동경이 있던 터라 흔쾌히 한국을 떠났다.

열세 살, 중학교 1학년 때였다.

———— 프랑스, 중2병을 앓다

머리가 좋아서 멘사 회원으로 영재 코스를 밟아 간 형과 달리 나는 평균 이하의 더딘 아이였다. 그런 내게 말 한마디 통하지 않는 프랑스는 정말 뜬금없는 선택이었다. 할머니는 영어권으로 떠나는 조기 유학도 아니고, 프랑스어 한마디 할 줄 모르는 애가 가족도 없이 혼자서 뭘 하겠느냐며 눈물을 흘리셨다. 하지만 더 나은 방법이 없었다.

프랑스에서는 모든 것이 새로웠다. 처음에는 또래 친구와 함께 살고, 새로운 환경에서 다양한 아이들을 만나는 게 마냥 신났다. 하지만 누구도 말릴 수 없다는 사춘기가 찾아왔다. 친구와 함께 사는 것도, 말이 통하지 않는 아이들과 친해지는 데도 조금씩 균열이 생기기 시작했다.

우선 같이 사는 룸메이트와 사소한 일들로 조금씩 엇갈리기 시작했다. 조금 더 양보하고, 때론 지는 게 이기는 방법이라는 사실을 열세 살 꼬마가 알 턱이 없었다. 나는 담배를 피우기 시작했고, 또 다른 약자인 중국과 아랍 친구들을 괴롭혔다. 나보다 약한 상대라는 판단이 들면 거친 말과 행동을 서슴지 않았다. 학교에서 경고를 받고서야 정신을 좀 차렸는데 프랑스어 성적이 올라 국제반에서 프랑스 아이들이 다니는 일반 학급으로 옮기면서 전세가 역전되어 버렸다. 나보다 덩치도 크고 힘도 센 아이들에게 조롱당하기 시작한 것이다. 그때부터 자존심만 센 사춘기 동양인 소년의 얼굴에는 상처가 가실 날이 없었다.

결국 1년도 못 버티고 한국으로 돌아오고 말았다. 유학 실패자라 놀려 대는 주위의 말들을 부정할 수 없었다. 집안 상황 역시 조금도 나아지지 않았다. 나는 1년의 공백만큼 뒤처진 공부와 교실 분위기에 적응하지 못한 채 급기야 '왕따'가 되고 말았다. 게다가 1년 새 '일진'이란 게 생기면서 분위기가 많이 변해 있었다. 함께 놀던 아이들도 불량한 선배들과 어울리며 조금씩 멀어져 갔다. 친구들이 다 사라진 것이다. 나는 성적도, 친구도, 자신감도 잃어버린 채 컴컴한 동굴 속에서 혼자 지냈다.

시간이 흐르면서 조금씩 예전의 나로 돌아올 수 있었지만, 동굴 속에서 지낸 기억들은 지금도 쉽게 잊히지 않는다. 함께 어울리던 친구와 한순간에 멀어지고 주위에 아무도 없다는 생각이 들었다. 사실 외로움보다는 부끄러움과 수치심이 더 컸다. 남의 시선이 신경 쓰여 혼자 별의별 생각을 다 했다.

프랑스에 있을 때 부모님과 친구들에게 편지를 참 많이 받았다. 이메일이 없을 때라 한국의 소식을 전해 듣는 방법은 전화와 편지뿐이었다. H.O.T.는 여전히 1위를 달리는지, 프로야구 플레이오프는 시작되었는지 한국 소식이 궁금해 미칠 지경이었다. 그중에서도 가장 기억에 남는 소식은 어머니가 보내 준 편지였다.

현호야.
내일은 대학 수능 시험을 보는 날이라 네 형은 학교에 가지 않는다.
너는 지금 학교에 다니고 있겠지. 학교 생활 하느라 정신이 없겠다.
학교는 가깝니? 오고 가는 길 잘 봐 두렴.
전철 타고 가는 법이랑 전화하는 법은 배웠니?
당분간 아줌마랑 같이 다니겠구나.

필요한 게 있으면 아줌마한테 말씀드려.

진형이 형 말대로 애들이 '차이나'라고 놀리면 당당하게 '코리아'라고

해. 코리아에서 가장 잘생긴 미남이라고.

당당해야 한다. 항상 자신감 있게 생활하고.

엄마가 손가락이 아파서 글씨가 좀 엉망이다. 이해해라.

넌 나중에 큰일을 할 사람이라 믿는다.

우리 아들, 파이팅.

사실 학교에서 이미 '시누아(프랑스어로 중국인을 뜻한다)'라고 놀려 대는 통에 죽을 맛이었다. 하지만 전철 타는 법, 전화하는 법도 모를 정도로 어리숙한 사춘기 아들에게 차이나라고 놀리면 코리아라고 대답하라니, 엄마도 참. 좀처럼 내색을 안 하는 분이 손가락이 아파서 글씨가 엉망이라는 말에는 마음이 찡했다.

그때는 별 생각 없이 넘겼지만 다시 읽어 보니 "큰일을 할 사람이라 믿는다."라는 구절이 눈에 들어왔다. 나는 아무것도 없다고 생각했지만 누군가 늘 뒤에서 용기와 힘을 북돋워 주고 있었다는 걸 뒤늦게나마 깨닫게 되었다.

고등학교에 들어가자 상황은 더 악화되었다. 사기당한 돈을 되찾는 일은 영영 물 건너갔고 결국 아버지의 사업도, 어머니의 식당도 망하고 말았다. 아버지가 돈벌이를 위해 장기간 중국행을 택하자 어머니는 생계를 꾸리기 위해 다른 일을 시작했다. 그리고 우리 형제는 자연스레 방치되었다. 목표가 없으니 학원에 간들 아무 소용이 없었다.

그때 영화 《비트》를 보고 오토바이를 타면 멋있겠다는 생각이 들었다. 나는 원동기 면허를 따서 친구들의 오토바이를 빌려 타고 다녔다. 그리고 여름 방학이 되자 기다렸다는 듯이 머리를 노랗게 염색하고 피자 배달 아르바이트를 시작했다.

어느 날 시장을 보고 집으로 가던 어머니는 노란 머리의 오토바이 배달부가 당신 아들임을 발견하고 큰 충격을 받으셨다. 그 찰나에 배달통에 적힌 가게 이름을 외운 어머니는 114에 전화를 걸어서 피자집 번호를 알아내 가게로 찾아오셨다. 나는 여느 날처럼 가게에 앉아 주문을 기다리며 TV를 보다가 가게 문 앞에 서 있는 어머니를 발견하고 그 자리에 얼어붙었다.

"현호야… 가자…."

어머니가 떨리는 목소리로 나지막하게 말하며 내 손을 잡았다. 여기까지 오는 동안 얼마나 많은 생각들이 겹쳤을까. 찬거리를 든 어머니의 손이 부르르 떨리고, 두 눈에는 눈물이 그렁그렁 고여 있었다.

당황한 것은 우리뿐이 아니었다. 당연히 부모님 허락을 받은 줄 알았던 피자 가게 사장님 부부도 적잖이 당황해 하셨다.

"죄송합니다."

고개 숙여 사과드리니 사장님이 얼른 가라고 손짓을 하신다. 무더운 여름날 작은 피자 가게의 그 짧은 순간은 15년이 지난 지금도 생생하게 기억난다. 애지중지 키운 아들이 노란 머리의 오토바이 배달부라니 어머니로서는 상상도 못한 일이었을 터다. 어머니가 죄책감에 휩싸였을지도 모른다고 생각하니 지금도 부끄러운 마음뿐이다. 집에 돌아오는 내내 우리는 말이 없었다. 집에 도착해서도 한참을 조용히 있던 어머니가 마침내 입을 열었다.

"밥은 먹었니?"

차라리 화를 내든가 잔소리를 했다면 마음이 편했을지도 모른다. 그런 상황에서 밥은 먹었냐 물으시다니, 그 말이 회초리보다 더 아프게 다가왔다.

정말 안타까운 사실은 이런 일을 겪고도 마음을 잡지 못했다는 것이다. 처음의 죄송한 마음은 이내 흐려지고 바르게 살아야겠다는 다짐 역시 언제 그랬냐는 듯이 지워져 버렸다. 생각도 없고 문제나 일으키는 나로 조금씩 되돌아가고 말았다.

질풍노도의 문제 학생

하루는 친구의 친구 오토바이를 빌려서 또 다른 친구를 태우고 동네 뒷산으로 달렸다. 그 오토바이가 누구 명의인지, 어떻게 얻었는지, 보험은 들었는지 따위는 내 알 바 아니었다. 그저 내가 하고 싶은 대로 하며 반항하면 그게 멋인 줄 알았다.

"현호야, 여기부터는 내가 몰아 볼게."
"오케이, 조심해서 타!"
친구와 자리를 바꿔 엉덩이를 의자에 놓는 순간 갑자기 뒤에서 사이렌이 울렸다. 너무 놀라서 뒤를 돌아보니 경찰차가 굉음을 내며 달려오고 있었다.

"야, 튀어!"

앞자리에 옮겨 앉은 친구가 액셀러레이터를 당기기 시작했다. 영화에서 본 것처럼 따라오는 경찰을 재빨리 따돌려 버리겠단 생각뿐이었다. 눈앞의 언덕을 넘어 500미터만 달리면 자동차가 들어오지 못하게 바리케이드를 쳐 놓은 길이 있었다. 그렇게 수백 미터를 돌진했다. 저 멀리 바리케이드가 보였다. 경찰차는 여전히 사이렌을 울리며 확성기로 뭐라 외쳤지만 들릴 리가 없었다. 그렇게 좁은 길을 따라 바리케이드를 지나치려는 순간, 쾅 하는 소리가 들렸다.

바퀴가 도로 화단에 부딪힌 것 같았다. 몸이 공중으로 떠오르면서 눈앞으로 포물선을 그리며 날아가는 오토바이가 보였다. 주위의 모든 것이 멈춘 채 나 혼자 공중에 떠 있었다. 시간이 멈춘 듯 그 짧은 시간이 몇 년처럼 느껴지면서 지난 일들이 파노라마처럼 펼쳐졌다. 어린 시절 가족들과 둘러앉아 TV를 보는 모습, 무더운 여름날 학교를 마치고 반 친구들과 집으로 걸어가는 모습, 형과 레슬링하는 모습이 순식간에 지나쳐 갔다. 그러다 갑자기 현실의 속도로 돌아온 나는 순식간에 바닥으로 곤두박질했다.

"이 새끼들이 겁도 없이, 미쳤어?"

뒤따라온 경찰이 소리쳤다. 손에서는 피가 줄줄 흐르는데 다행히 팔다리는 멀쩡했다. 한쪽 핸들이 망가진 오토바이는 100미터 달리기를 마치고 헐떡이는 것처럼 옆으로 누워 헛바퀴만 돌고 있었다. 우리는 파출소로 연행되었다.

하필 그날은 어머니 생신이었다. 나 때문에 어머니는 혼자 저녁을 드셨을지도 모른다. 1년에 한 번뿐인 소중한 날인데 나는 내 손의 상처가, 달리지 못하는 오토바이가 더 중요할 뿐이었다. 세상에 나 같은 불효자식이 또 있을까.

신분증도 돈도 없으니 찢어진 손을 꿰매려면 집에 갔다 와야 하는데, 어머니 얼굴을 볼 자신이 없었다. 결국 제때 치료받지 못한 상처가 고스란히 왼손에 남았다. 지금이야 웃으며 이야기하지만, 그때의 나는 정말 바보 같았다.

가족에 대한 기억이 희미해진 게 중학교 때부터였던 것 같다. 내게 행복한 가정의 이미지나 추억을 꼽으라면 초등학교 때 기억뿐이다. 나른한 일요일 오후에 아버지가 끓여 준 수제비, 온 가족과 둘러앉아 TV를 보며 숨넘어갈 듯이 웃는 어머니, 뒷산에 텐트를 치고 삼겹살을 구워 먹으며 주말을 보낸 일은 모두 그 시절의 기억이다. 여러 가지 악재가 겹치고 집안이 기울기 시작하면서 가족이 함께하는 시간도 점점 줄어들었다. 함께하는 시간이 줄어드니 대화도 줄고, 대화가 줄어드니 사랑도 줄어들었다. 어느새 가족이 조금씩 멀어지고 있었다.

결국 부모님은 내가 고3이 되던 해에 이혼했다. 얼마나 울었는지 모른다. 베갯잇이 흠뻑 젖을 정도로 숨 쉬는 게 힘들어질 때까지 밤새 울었다. 어머니와 아버지가 헤어지다니, 어머니가 집을 떠난다는 사실이 믿기지 않았다. 이제부터 나는 어떻게 살아야 할지 혼란스러웠다. 형마저 군복무 중이라 기댈 사람이 아무도 없었다. 누구에게 속 시원히 털어놓을 성격도 못 되는 터라 혼자 울면서 모든 것을 감내할 수밖에 없었다.

당장 일상에서 많은 문제가 생겼다. 아침에 깨워 주는 사람이 없으니 지각하기 일쑤였고, 도시락 싸 주는 사람이 없으니 점심을 사 먹느라 이리저리 기웃거려야 했다. 집에 돌아와도 간식거리는커녕 저녁밥도 없었다.

자연스레 집을 나왔다. 수능 준비를 핑계 삼아 고시원에 들어가서 남은 고등학교 생활을 마무리했다. 대학에 들어가서도 학교 앞에 자취방을 얻었다. 스무 살이 되었지만 변한 것은 없었다. 여전히 하고 싶은 것도 없고, 배우고 싶은 것도 없었다. 이 사람 저 사람 폭 넓게 어울려 지낼 만큼 적극적이지도 않았고, 미래를 상상한다거나 한 해를 계획하는 것 따위도 나와는 먼 이야기였다. 그저 아버지가 주는 용돈으로 끼니를 때우며 학교나 다니는 시간들이었다.

화목한 가정을 꿈꾸기 시작한 것은 이때부터였는지 모른다. 나는 가족 욕심이 크다. 누리지 못한 것이 많았기에, 하고 싶은 것이 많았기에 내가 만들고 말겠다는 의지가 커졌다. 자식에게 주고 싶은 것도 많고 함께 하고픈 것도 많은 이유는 그만큼 부족했기 때문이다. 단순히 화목한 가정이 부러운 게 아니다. 우리 집이 불우했다고 생각하지는 않는다. 어느 집 어느 부부나 다투고 헤어질 수 있다. 부모님을 원망한다든가 당시의 상황이 마냥 후회되는 것은 아니다. 그 누구보다도 가족을 위해 헌신하고, 나와 형을 위해 희생한 부모님의 모습을 보아 왔기에 그럴 것이다.

나의 아버지

고등학교 시절, 수능을 핑계로 고시원에 들어간 적이 있었다. 끼니를 챙겨 먹기도 쉽지 않고, 홀로 낯선 곳에 있으니 공부는커녕 집중도 잘되지 않았다. 하루는 자정이 넘어 친구와 고시원 밖을 서성이는데 갑자기 차 한 대가 라이트를 번쩍 하더니 우리 쪽으로 빠르게 돌진했다. 가까스로 차를 피했지만 하마터면 부딪힐 뻔했다.

"이 자식들아! 길 안 비켜? 죽고 싶어?"
"길은 차가 비켜야지, 사람이 어떻게 비켜요?"
흥분한 운전자는 차에서 내리더니 이내 주먹을 휘두르기 시작했다. 나는 날아오는 주먹에 얼굴을 정통으로 맞았다. 순식간이었다. 경찰이 도착해 겨우 상황이 정리되고 함께 경찰차에 올랐다. 그사이 연락이 닿았는지, 경찰서에 도착한 지 얼마 되지 않아 아버지가 씩씩대며 경찰서 안으로 들어왔다. 아버지는 곧장 담당 경찰에게 달려가 소리쳤다.

"너냐?"

"아니, 아닙니다. 아버님 되세요?"

이번에는 내 옆에 있던 그 운전자를 보고 물었다.

"그럼 너냐?"

"네."라는 말이 입에서 떨어지기도 전에 짝! 소리가 경찰서 안에 울려 퍼졌다. 담당 경찰도, 나도, 맞은 가해자도 놀랐다.

"당신이 친 것처럼 나도 쳤소!"

운전자가 대들자 아버지가 이성을 잃은 듯 달려드는 것을 경찰들이 겨우 떼어 놓았다. 가슴이 사정없이 뛰었다. 아들이 맞았다는 사실에 분노한 아버지는 경찰이 보건 말건 당당하게 주먹을 휘둘러 댔다.

모든 사람이 다 손가락질을 해도 아버지만큼은 반드시 나를 위해 나섰다. 우리가 느끼는 가족애는 우리의 상상보다 훨씬 크다. 당시 아버지의 모습은 놀랍고도 애틋했다. 나 역시 가족이 누군가에게 피해를 당하고 있다면 앞뒤 가리지 않고 그렇게 달려들었을 테지만, 아버지 입장에서 내 모습이 얼마나 형편없었을까? 힘도 없어서 누군가에게 맞고 다니질 않나, 공부하라고 고시원까지 보내 줬더니 시비나 붙고 말이다.

살면서 겪지 말아야 할 일들이 분명 있는데, 그걸 굳이 경험하면서 배우는 사람이 있다. 나의 사춘기가 그랬다. 반항은 절대로 멋있는 게 아니다. 이유 없는 반항은 그저 치기 어린 행동에 불과하다. 더군다나 나의 행동으로 인해 누군가가 상처를 입는다면 그것은 절대로 해서는 안될 일이다.

———— 49명 중 43등, 대학에 가다

우여곡절을 겪으며 겨우 공부할 마음이 생겼지만 여전히 방법을 몰랐다. 이때 나를 일으켜 준 것 역시 가족이었다. 나는 친형의 소개로 서울시 외국어경시대회에 지원하게 되었다. 프랑스에서 1년도 못 살았지만 언어는 조금 익힌 터였다. 운이 따랐는지 프랑스어 부문 은상을 받았다.

게다가 한국외대 외국어경시대회 동상과 프랑스어 어학 능력 인증 시험(DELF)에 합격하면서 나도 모르게 국제화 특기생 지원 자격을 갖추게 되었다.

'뭐지? 혹시 내가 모르는 천재 기질이 있나?'

사실은 어머니의 숨은 노력이 있었다. 어머니는 수소문 끝에 경시대

회 수상자들을 찾아가서 지난 경시대회 시험지 복사본을 구해 왔고, 대
학별 경시대회마다 시험을 보게 했다. 아무 생각 없이 하루하루를 보내
던 내가 좋은 성적을 거둔 미스터리는 그 때문이었다.

　덕분에 우리 반에서 43등 하던 내가 가장 먼저 대학 입학에 성공했
다. 다른 아이들은 중간고사를 앞두고 공부에 열중할 때 나 홀로 합격의
기쁨을 만끽했다. 불공평해 보일지도 모른다. 성실하게 공부해서 내신
성적을 유지하고 수능 시험도 잘 봐야 겨우 들어가는 곳이 대학 아닌가.
고등학교 내내 나태하게 놀고도 대학생이 된다니, 누구라도 화날 일이

다. 하지만 이기적이게도 사방이 꽉꽉 막혀 있던 암흑 같은 그 시절의 내게는 처음 만난 한 줄기 빛이었다.

한 끗 차이로 대학 진학에 성공했다. 만약 대학에 들어가지 않았다면 나는 지금 무얼 하고 있을까. 중학교 때 프랑스행을 결정하지 않았다면 지금의 나는 어떤 모습일까. 형의 권유를 받아들여 프랑스어 경시대회에 참가하지 않았다면? 결과론이지만 분명 행운의 손길이 있었음을 부정할 수 없다.

어릴 적부터 파일럿에 대한 꿈이 확고했다면 과연 열심히 공부해서 항공대 운항학과에 진학했을까? 그랬다면 지금의 나보다 더 나은 오현호가 되었을까? 히말라야 등정에 도전하고 사하라 사막을 뛰어 보겠다고 열정을 쏟는 내가 존재했을까?

생각 없이 보내 버린 나의 10대를 되돌릴 수는 없는 노릇이다. 하지만 너무나 무기력했기에, 누구보다 꿈이 없었기에 흘려보낸 시간들이 아쉽다. 남들은 책을 찾아 읽을 때 나는 멍하니 방 안에 틀어박혀 있었으니까 지금 한 권이라도 더 읽어야 하는 것이다.

수능 7등급 성적표가 고맙다. 반에서 43등 성적표는 더욱 고맙다. 나의 부족함은 내가 더 성실하게 사는 바탕이 될 것이라 믿는다. 내가 무엇이 부족한지 누구보다 잘 안다. 같은 것을 배우더라도 남들보다 느렸고, 무언가를 진득하게 끝내는 것 사체가 어려웠다. 그런 단점이 모든 일에 최선을 다하는 가장 큰 원동력이 되었다.

대학에 입학하면서 학교 앞에 작고 허름한 방을 구했다. 추운 날씨만큼
이나 낯설고 어지러운 동네였다. 지금은 사라졌지만 그때는 길 건너편
에 붉은빛을 밝힌 사창가도 있었다. 내가 구한 방은 한 동짜리 작은 빌라
였는데 건물이 하도 낡아서 발로 차면 곧 쓰러질 것 같았다. 모든 것이
낯설었지만, 대학 생활을 시작한다는 설렘과 고시원이 아닌 나만의 공
간이 생겼다는 것만으로도 한껏 기대감에 부풀었다.

　하지만 아무것도 모르는 스무 살짜리에게 독립은 버거웠다. 요리를
할 줄 모르니 배달 음식에 의존하다가 여차하면 끼니를 거르기 일쑤였
다. 오천 원짜리 통닭을 일주일에 서너 번은 먹었다. 하루는 라면을 끓여
서 TV 보며 먹으려고 상을 들고 가다가 침대 기둥에 정강이를 부딪치
자 고통을 참으며 상을 놓치지 않으려고 발악하는 내 모습을 보았다. 아
파도 혼자 숨죽여 참고, 걸핏하면 약을 먹는 상황이 끔찍이도 싫었다. 몇

달도 못 가 체중이 줄고 몸이 약해지기 시작했다. 흡사 죽음을 앞둔 병든 노인 같았다. 무엇보다 싫은 건 밖에서 돌아와 현관문을 열 때 느껴지는 차갑고 어두운 분위기였다.

설상가상으로 건물의 수압이 너무 낮았다. 고치려 해도 빌라 거주자 대부분이 세입자라 아무도 거들어 주지 않았다. 제때 빨지 못한 옷과 이불에서는 쉰내가 났고, 쌓이다 못해 굳어 버린 설거지감이 수북했다. 벽지가 누레질 정도로 담배만 피워 댔다. 집 안은 온갖 잡내가 뒤섞여 그야말로 쓰레기장을 방불케 했다.

피폐해진 나를 일으켜준 것은 사람이었다. 그때까지만 해도 나는 사교성이 좋은 인물이 아니었다. 게다가 열악한 환경 탓에 마음이 한껏 움츠러든 상태였다.

한번은 개강 전 새내기 모임에 참석했다. 모임은 이내 뒤풀이로 이어졌다. 전국에서 가장 싸고 푸짐하다는 학교 후문 술집에 대한 소문을 익히 들어서 기대 반 설렘 반에 졸졸 따라갔다. 술자리라니, 대학생이 되면 가장 해 보고 싶은 일 중 하나였다.

우리는 좁은 골목을 지나 허름한 건물 2층에 들어섰다. 횅한 공간에 테이블과 의자가 놓여 있고, 천장에는 선풍기 여러 대가 매달린 낡은 식당이었다. 새내기 수십 명이 선배들과 함께 닭 한 마리가 들어간 칼국수를 놓고 소주를 마시기 시작했다. 자리에 둘러앉아 커다란 냄비에 닭 조각과 칼칼한 육수 그리고 채소를 넣고 푹 끓였다. 생전 처음 먹어 보는 맛이었다. 쌀쌀한 날씨에 뜨거운 김을 쏟아 내는 닭 냄비, 어리바리한 새내기 그리고 2학년 선배들. 돌이켜 보면 '학교'라는 곳에서 느낀 첫 행복이었다.

Part 2

인생의 터닝 포인트를
만나다

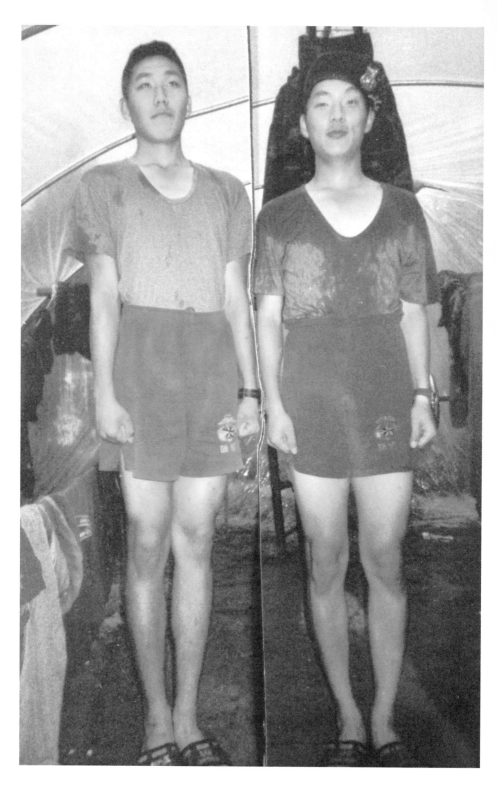

어머니와 함께 백령도에서 군 생활을 하는 형을 찾아갔다. 형은 한겨울의 차가운 바닷바람을 맞으며 시꺼멓게 그을린, 조금은 단단해진 모습이었다. 목이 쉬었는데도 눈빛만은 초롱초롱했다.

형을 만나고 돌아오는 페리에서 다른 해병의 어머니와 얘기를 나누게 되었다.

"우리 아들은 저기서 근무해요."

그 어머니는 산꼭대기에 있는 작은 초소를 가리키며 말을 이었다.

"첫날 보자마자 '엄마!' 하고 그렇게 울어요. 키가 190에 몸무게는 100킬로그램이 넘는 앤데, 어릴 적부터 힘이 세서 자기밖에 모르는 강한 앤 줄 알았는데 힘들다며 그렇게 울더라고요."

이상하게 가슴이 뛰었다. 뭐지? 만화책에서 보던 장면을 맞닥뜨린 느낌이었다. 얼마나 무서운 곳이기에 그런 괴물 같은 사람이 힘들다고 엄마 품에 안겨서 울까 하는 호기심이 마구 생겼다. 칼같이 매서운 겨울 바람이 휘몰아치는 백령도는 그렇게 강한 인상으로 다가왔다. 이리저리 실바람에 흩날리는 낙엽처럼 연약했던 내 삶이 강한 태풍을 만나 흠 딱 젖어 버린 느낌이었다.

　집에 돌아오자마자 바로 해병대 지원서를 작성했다. 그 후 몇 번의 시험을 운 좋게 통과했다. 스무 살 오현호는 집을 나와 새로운 곳으로 떠났다.

　그동안의 내 모습이 머릿속에서 파노라마처럼 지나갔다. 아무 생각 없이 학교에 가고, 시간 되면 학원에서 멍하니 앉아 있다가 터덜터덜 집으로 돌아오곤 했다. 공부를 왜 해야 하는지, 학원은 왜 가야 하는지도 모르는 채 그저 부모님이 하라는 대로 움직였다. 하나같이 무기력한 모습이었다.

　살을 에는 바람이 휘몰아친다는 그 산꼭대기 초소의 해병처럼 강한 충격이 필요했다. 두려워서 눈물도 흘려 보고, 이기지 못할 고통도 겪어 보고, 지옥 같은 곳에 몸을 던지다 보면 나도 좀 변하지 않을까.

　해병대에 지원한 것은 내 인생 최고의 결정이었다. 나 자신을 바꿔 보고 싶은 의지가 강했는지는 잘 모르겠다. 형도 하는데 나라고 못 하겠는가 하는 생각과, 형의 쉬어 버린 목소리와 검게 그을린 피부가 탐났는지도 모르겠다. 나는 그렇게 괴물이 되어 보기로 결심했다.

######### 괴물 체질

해병대에 들어가겠다고 했을 때 옆에서 다들 말렸다. 이유는 다양했다.

1. 해병대 나오면 성격 버린다던데?
2. 네가 과연 견딜 수 있을까?
3. 입대하면 바로 후회할걸?

돌이켜 보면 그렇게 얘기한 사람들은 해병대 출신이 아니었다. 해병대가 어떤 곳인지 눈으로 본 적도, 몸으로 느껴 본 적도 없이 단순히 건너 건너 듣고 정답인 양 조언한 것이다.

세상을 살면서 반드시 피해야 하는 것이 경험해 보지 않은 사람들의 조언이다. 내가 앞으로 나아가는 데 아무런 도움이 되지 않을뿐더러 오히려 장애물이 될 가능성이 높다. 무언가를 시작하려 할 때 가장 중요한 것은 '내가 얼마나 하고 싶은가'이지 '남이 어떻게 평가하는가'가 아니다. 남의 말에 너무 신경 쓸 필요는 없다.

해병대가 체질인 듯 입대 몇 주 만에 빠르게 적응해 갔다. 내 안에 지구를 지키는 GI유격대의 피가 끓고 있었던 모양이다. GI유격대는 어렸을 때 가장 좋아한 군인 모양 장난감이다. 그 장난감을 가지고 악당과 싸우고, 사람도 만나고, 산도 타고, 수영도 하며 몇 년을 놀았으니 내 안에 군인의 피가 끓는 게 당연했다.

사격할 때마다 저 표적을 정확히 맞혀야 내 임무를 완수할 수 있다는 식으로 자기 암시를 하는 나를 발견했다. 총검술을 할 때는 내 칼끝이 적의 가슴을 먼저 찔러야 살 수 있다는 생각으로 늘 혼자 영화를 찍었다. 전쟁터에서 승리하고 돌아오는 멋진 군인의 모습이 뇌리에 박혀 있었던 것이다.

잘하는 것이 없어서 칭찬받을 일도 없었던 20년. 좋아하는 일이 없었기 때문에 적극적으로 무언가를 주도할 일도 없었다. 그런데 이상하게도 전투복만 입으면 온몸에서 힘이 났다. 어깨가 자연스레 펴지고 눈동자에는 생기가 돌았다. 작은 목소리와 부정확한 발음이 고민이었는데 언제 그랬냐는 듯 부대에서 가장 큰 목소리를 냈다.

누군가에게 인정받기 시작한 것이다. 무능의 대명사였던 내게도 잘하는 일이 생긴 것이다. 신발 정리, 걸레 빨기, 시키기만 하면 달려가서 빨리 해내기 등 아무리 사소한 일이라도 군인은 잘해 내야 한다는 강박관념이 나를 움직였다.

군대라는 특수한 상황에 적응해 나가는 동안 나의 장점들을 발견하기 시작했다. 나는 훈련을 매우 좋아하고 육체적으로 힘든 일을 즐겁게 해냈다. 해야 할 일이 생기면 다른 사람보다 먼저 움직일 줄 알았고, 선임들의 지시를 기억하는 집중력도 있었다. 극한의 상황에 놓이자 그동안 몰랐던 나의 모습이 튀어나왔다. 나는 늘 평탄한 길만 걸었는데 알고보니 풀이 우거진 숲길을 좋아했고, 그런 곳에서 더 많은 생각을 하는 사람이었다. 해병대에 들어오지 않았다면 나의 강인한 모습은 평생 묻혀버렸을 것이다.

지금도 육체적으로 힘든 순간이 닥치면 떠오르는 구호가 있다.

"무! 적! 해! 병! 무! 적! 해! 병! 무적! 해병!"

구보할 때 쓰는 구호인데 외치면 나도 모르게 힘이 솟아난다.

다양한 환경에 자신을 던져 봐야 한다. 나도 모르는 내가 언제 튀어나올지 기대된다. 나는 최대한 다양한 모습의 나를 보고 싶다. 그런 모습들이 더해지고 더해질 때 비로소 진정한 내가 완성될 것이라 믿는다.

——— 내 속에 잠재된 나를 찾아서

우리의 내면에는 다양한 자아가 존재한다. 하지만 죽을 때까지 내 모습을 몇 가지나 볼 수 있을까? 내 오랜 꿈은 '100가지 오현호 찾기'다. 스무 살 때 처음으로 숨겨진 모습을 찾았다. 그동안 한 번도 보지 못한 나. 내가 보지 못했을 뿐 20년 동안 내 가슴 속에서 살아온 나였다. 드러내

보일 기회가 없었을 뿐이다. 완벽하게 새로운 환경에 던져 놓으니 내가 모르는 내가 튀어나왔다. 인간 개조의 용광로라 불리는 '해병대'였다.

"야, 이 새끼들아! 줄 똑바로 안 맞춰!"

포항 신병훈련소에 도착해서 5열 종대로 모여 있을 때 처음으로 들은 말이다. 부모님과 친구들이랑 헤어져서 달려온 지 몇 분 지나지도 않았는데 조교들이 줄을 똑바로 안 선다고 욕을 하며 공포감을 조성했다. 그렇게 공포 속에서 하루하루를 보냈다.

훈련 5주 차는 '극기 주'라며 식사량이 3분의 1로 줄어들었다. 허기를 참지 못해 몰래 두 번 먹는 훈련생이 늘어났고, 나 역시 주린 배를 감싸고 두 번 먹기 위해서 줄을 서고 있었다.

"야, 2309! 너 아까 밥 먹지 않았어?"

나는 신병 1대대 2중대 3소대에서 키가 아홉 번째로 컸기에 번호가 2309였다.

"마… 맞… 습니다…!"

"이런 정신 나간 새끼 같으니라고! 네 전우들은 동기들을 위해서 허기를 참고 있는데 혼자 배부르겠다고 두 번 밥을 먹어? 그러다 밥을 못 먹는 동기가 생기면 어떡하나! 제정신이야?"

"아… 아닙니다!"

"이런 미친 새끼를 봤나! 병사로 달려가서 빤스만 입고 옥상에 올라

가 대기해!"

"알겠습니다!"

비가 억수로 쏟아지는 날이었다. 병사로 달려가서 옷을 벗고 비를 맞으며 교관을 기다렸다. 20분쯤 지났을까, 딱! 딱! 딱! 두툼한 나무토막이 바닥을 치는 소리가 조금씩 가까이 들려왔다.

'저걸로 흠씬 두들겨 맞겠구나.'

교관이 2미터 정도 되는 두꺼운 대나무를 들고 비를 맞으며 조금씩 다가오고 있었다.

"엎드려, 좌로 굴러, 우로 굴러, 더 빨리 안 움직여!"

배가 고파서 밥 좀 더 먹으려 했다가 온몸으로 소나기를 맞으며 땅바닥을 굴렀다. 아픔과 고통도 있었지만 부끄러움이 더 컸다. 400여 명의 동기를 뒤로하고 혼자 배부르겠다고 달려든 나 자신이 너무나 싫었다. 잘못은 누구나 할 수 있지만, 그것을 당연하게 생각해 왔다는 점이 더욱 부끄러웠다.

나에게 모욕을 안겨 준 교관님이 고마웠다. 그렇게 하지 않았다면 양심이 무엇인지, 동료가 무엇인지 평생 모르고 살았을 테니 말이다.

나는 늘 형과 비교되느라 열등감을 느낄 겨를조차 없었다. 하지만 우리
는 보통의 형제들처럼 레슬링을 하고 놀며 사이좋게 자랐다. 사춘기에
접어들 무렵에는 괜한 반항심에 형에게 대들기도 하고, 말도 하지 않는
서먹한 사이가 되기도 했다. 그러다 내가 고등학교 2학년 때 형이 해병
대에 들어갔고, 내가 입대하여 실무에 배치되었을 즈음에는 형이 해병
대에서 가장 높은 기수가 된 것이다.

　실무에 배치된 둘째 날, 내무실 구석에 바른 자세로 멍하니 앉아 있
는데 상황실 선임이 들어왔다.
　"오현호! 지금 상황실로 와. 느그 형이 899기 선임이가?"
　"맞습니다!"
　상황실로 달려가니 고철 책상에 수화기가 놓여 있었다.
　"필승! 이병 오현호입니다!"

"잘 있었냐?"

낯선 이들 속에서 한껏 긴장한 상태인데 귓가에 느닷없이 형의 목소리가 들렸다. 잘 있었냐. 수화기의 긴 선을 따라 저릿한 가족의 온기가 느껴졌다. 가슴이 뛰면서 갑자기 뜨거워지더니 두 눈에서 눈물이 쏟아지기 시작했다.

"흑, 흑, 잘… 있습니다!"

"말 편하게 해, 인마."

"아닙니다! 괜찮습니다!"

형이 전역하기 일주일 전이니 최고 선임으로서 동생 하나 찾는 것쯤은 어려운 일이 아니었을지도 모른다. 몇 년간 말 한마디 안 할 정도로 서먹하게 지냈는데, 갑자기 눈물이 쏟아지면서 서러움이 폭발했다. 말하지 않아도 그간의 고생을 형이 알아주는 것 같았다.

"옆의 놈 바꿔 봐."

옆에 있는 선임에게 수화기를 넘겨주자, 상황병 선임이 형과 통화하더니 내게 다시 수화기를 건넸다. 형에게 혼이 난 듯한 상황병 선임이 조용히 말했다.

"이 새끼야, 말 편하게 하라고."

"아…아닙니다! 괜찮습니다!"

그날 나는 형에게 끝까지 말을 놓지 않았다. 동생으로서, 해병으로서

예의를 지키고 싶었다. 좀 더 나은 모습을 보여 주고 싶었다. 지금도 같이 붙어 다닐 만큼 친근한 사이는 아니지만 우리 형제는 긴 말을 하지 않아도 서로를 이해하고 응원해 준다.

살아가면서 많은 사람과 연을 맺지만 가족에게 느끼는 감정을 만나기는 쉽지 않다. 가족에게는 함께한 시간들이 주는 절대적인 무언가가 있다.

_____ 후회의 순간

군대 체질이라 자부하던 나에게도 시련의 시간들이 있었다. 일병 시절에는 구타 사건에 휘말려 한순간 나락으로 떨어지기도 했다.

2004년 1월, 폭설이 쏟아지는 날이었다. 여느 날처럼 초소에서 근무를 서는데 갑작스레 레토나 한 대가 우리 소대를 찾아왔다. 급히 상황실로 무전을 보냈다.

"레토나 들어오고 있습니다!"

행정관님이 연락도 없이 우리 소대를 찾아온 것이었다. 얼마 후 상황실에서 연락이 왔다.

"현호 너 지금 당장 소대로 들어와."

갑자기 무슨 일일까, 어리둥절해하는데 바로 고함 소리가 들렸다.

"오현호 너 이 자식, 지금 당장 빤스 바람으로 연병장에 집합해!"

연병장에 가 보니 동기 상익이가 속옷만 입은 채 먼저 나와 쏟아지는 눈발을 온몸으로 맞고 있었다. 그 시간 우리 둘을 제외하고는 다들 구타 관련 설문지를 작성했다고 한다. 후임 중 한 명이 휴가를 다녀오며 상급 부대에 구타 가해자로 우리를 고발한 것이다.

"좌로 굴러, 우로 굴러!"

연병장에 쌓인 눈을 온몸으로 녹이기 시작했다. 몸이 얼어 가는 줄도 몰랐다. 워낙 순식간에 일어난 일이기도 했고, 무엇보다 영창에 갈 수도 있다는 두려움이 컸다.

내 이름에 빨간 줄이 생길지도 모른다고 생각하니 눈앞이 캄캄했다. 그렇게 눈 속에서 떨고 있을 때 행정관님이 다가오셨다.

"3분 줄 테니 짐 싸, 당장!"

1년간 생활한 짐을 3분 만에 싸라니, 그냥 있는 대로 다 집어넣었다. 선후임들이 옆에서 함께 거들어 주었다. 눈에서 눈물이 쏟아질 것 같았지만 꾹 참았다. 이별의 말을 건넬 틈도 없이 우리는 레토나를 타고 소대를 나왔다.

중대 본부에 도착했다. 화장실 앞에서 무릎 꿇고 앉아 반성문을 쓰며 밤을 지새웠다. 눈은 펑펑 쏟아지고, 손이 얼어서 글씨 한 자 쓰기가 힘들었다. 수치심과 억울함, 후회로 가득 찬 밤이었다. 한숨도 자지 못하고 몸이 굳어 갈 즈음 해가 떴고, 행정관님이 다시 오셨다.

"무장 싸서 지금부터 무장구보를 한다. 7시까지 고구 분초로 뛰어가서 상황실 전화로 보고해. 출발."

미친 듯이 무장을 싸기 시작했다. 남은 시간은 약 한 시간. 10킬로미터가 안 되는 거리였지만 무장을 메고 있었기에 쉽지 않은 시간이었다. 미친 듯이 뛰기 시작했다. 밥도 안 먹고 잠도 못 잔 상태에서 정신없이 뛰었다. 간신히 시간 내에 도착해서 바로 전화했다.

"이번엔 봉소리 소대로 8시까지 도착해서 전화해."

숨 돌릴 틈도 없이 다시 뛰었다. 봉소리 소대에 도착하니 이미 몸은 탈진 상태였다. 선후임들이 달려와 우리를 맞았다. 어서 먹으라며 챙겨 주는 따뜻한 밥상을 받는 순간 눈물이 왈칵 쏟아질 뻔했다.

몇 년 후 당시 봉소리 소대 이병이었던 현욱이가 그때의 느낌을 들려주었다.

"아침 먹고 청소하는데 웬 거지꼴을 한 일병 선임 둘이 무장 메고 소대로 뛰어오는 겁니다. 뭔가 싶었죠. 근데 우리 소대 선임들이 발 벗고 나서서 짐 들어 주고 밥 챙겨 주는데 제가 봐도 감동이더라고요."

그렇게 몇 번의 무장구보를 더 하고 나는 중대 본부로 이전했고, 동기 상익이는 고구 분초로 간 지 얼마 지나지 않아 결국 영창에 가고 말았다. 나는 운이 따랐는지 영창행은 피하고 중대 본부에서 남은 군 생활을 이어 갈 수 있었다.

조직의 이탈자가 되는 기분은 말로 형용하기 어렵다. 전과자의 기분이 이런 것일까 하는 극도의 외로움이었다. 그해 겨울은 유독 눈이 많이 오고 추웠던 기억이 난다. 그 후 10개월간 외출, 외박, 휴가가 금지되었다. 돌이켜 생각하면 후회스럽고 창피한 기억이지만 이후 군 생활을 열심히 하는 계기가 되었다.

군대에서 발견한 새로운 재능

새로운 환경에 나를 던질 때마다 새로운 재능을 발견하곤 했는데 그중 하나가 요리였다. 구타 사건으로 이전하게 된 부대는 교동도에 위치한 중대 본부로 50여 명의 부대원이 함께 하는 곳이었다. 중대에서 악질로 유명한 선임들이 있는 곳이라 상상하기 힘든 규율과 엄격한 분위기가 숨이 턱 막힐 정도였다. 구타가 일상이었고 각종 업무를 해결하느라 한시도 쉴 틈이 없었다.

그러던 어느 날 식당에서 병장 선임을 도와주라는 행정관님의 지시가 있었다. 그날부터 근무 시간을 제외하고는 식당에서 부식을 다듬고 청소하는 등 주계병(조리병) 선임을 돕는 추가 임무를 맡았다.

"오현호! 내일부터 요리 잘할 수 있겠어?"

주계병 선임이 3박4일 외박을 나가느라 혼자서 요리를 맡게 된 것이었다. 떨리기도 했지만 내심 설레는 마음이 더 컸다. 그동안 옆에서 도와주며 나라면 이렇게 해 보겠다는 아이디어가 많았기 때문이다. 늘 먹던 메뉴보다는 내가 좋아하는 메뉴로 바꾸어 진짜 맛있는 요리를 해 보고 싶었다. 어머니한테 물어서 일일이 노트에 적은 요리법으로 완성한 나의 첫 번째 메뉴는 '고추장돼지고기김치볶음'. 첫날 저녁 나의 특선 메뉴는 완전 대박이 났다.

"뭐야, 이거? 왜 이렇게 맛있어?"

문제를 일으켜 이곳에 옮겨 온 뒤로 처음 들은 따뜻한 칭찬이었다.

"야, 오현호! 어제 했던 그거 오늘 또 해 줘."

행정관님은 다음 날도 또 먹고 싶다며 따로 메뉴를 주문했고, 나는 더 열정을 다해 요리했다. 나흘 뒤 주계병 선임이 외박을 마치고 복귀해서 다시 요리를 시작했는데, 부대에 있는 모든 사람이 진담 반 농담 반으로 주계병 교체를 외쳤다.

며칠 후 나는 정말 주계병으로 임명되었고, 매일 새로운 메뉴를 개발하면서 미친 듯이 요리의 세계에 빠져들었다. 그냥 재미있었다. 태어나

서 처음 느껴 본 '행동의 재미'였다. 나의 행동으로 다른 이들이 행복한 표정을 짓는 것. 내가 조금 고생하고 몇 분 더 땀 흘리면 남들의 행복이 더 커진다는 사실을 깨닫기 시작했다.

부식이 오면 가지런히 정리하는 일부터 양념 만드는 일, 국물 맛을 내는 일까지 요리에 관한 모든 것이 흥미로웠다. 내가 이렇게 열심히 빠져 본 일이 있었나. 수요일 점심 메뉴는 빵이었는데 더 맛있게 내놓겠다며 몇 시간 동안 그 빵을 하나하나 튀기고 설탕을 발라서 수백 개의 도너츠를 만들기도 했다.

누군가 그랬다. 군대에서는 나서지도 말고 뒤처지지도 말고 앞서 가지도 말라고. 그냥 중간만 유지하는 것이 쉽고 편한 길이라고 말이다. 누가 시키지도 않은 도너츠 만들기는 일상을 벗어난 시도였고, 그 작은 변화를 크게 느낀 것은 내가 아닌 부대원들이었다. 태어나서 처음 느낀 기분이었다. 누군가에게 인정받는다는 것, 인정받기 전에 나 스스로 열심히 해 보려는 것. 칭찬은 고래도 춤추게 한다. 많은 사람의 한마디 칭찬이 무기력한 나를 일깨워 주었다.

아주 쉬운 이치였다. 나의 작은 정성이 더해지고 더해지면 조금 더 나은 결과를 만들 수 있다는 것. 그것들이 반복되고 지속되니 결국 그 모든 행동이 모여 내가 되었다. 전보다 나은 무언가를 만들면 사람들은 편리함과 만족감을 느끼고 그것이 모여 그들의 행복이 된다.

내 작은 행동들로 인해 누군가에게 고마운 존재가 되는 것. 작은 실천과 정성이 만들어 내는 더 나은 환경과 더 나은 나를 찾게 된 것이다.

이러한 일들을 경험하면서 나는 조금씩 달라지기 시작했다. 훈련받을 때도 더 강한 군인이 되기 위해 열심히 집중하다 보니 부대에 두 명뿐인 IBS 훈련(고무보트 훈련) 조교로 선발되었다. 수많은 해병 사이에서 강한 체력과 리더십을 겸비해야 하는 직책에 선발된 것이다. 1년 전만 해도 선임에게 놀림이나 받던 허약한 내가 말이다.

해병대에는 '강한 남자'가 되어야 한다는 강박이 존재한다. 단순히 외적인 강함뿐만 아니라 많은 부대원을 이끌 줄 아는 내적인 강함을 더 강조한 의미다. 이병들이 첫 휴가를 나갈 때면 옷을 가지런히 다려 주고, 깔끔하게 이발해 주고, 군화를 깨끗하게 털어 주고, 용돈을 몰래 챙겨 주는 선임의 아량이 그것이다. 나 또한 내가 받은 만큼 후임들을 챙겨 주려고 애썼다. 그렇게 밑에 있을 때 해야 할 일, 중간 위치의 역할, 부대를 이끄는 선임의 자세를 몸으로 경험하며 사회에서 융화하는 법을 배워 나갔다.

진정한 리더십은 남들이 하기 싫은 일을 대신하는 희생이 있을 때 빛을 발한다. 군대에는 누구든 해야 할 일이 있다. 그리고 그 일을 선임이 먼저 나서서 해내야 조직이 부지런해진다.

한정된 시간 안에 가장 많은 것을 배우고 느끼고 싶을 때, 사람들은 여행을 한다. 새로운 환경에 놓이면 어떻게든 적응하기 위해 끊임없이 뇌 운동을 하고 자연스레 더 많은 생각을 하기 마련이다. 한 가지 주제를 놓고도 100가지 의견이 나오는 법, 다양한 사람을 만날수록 상상하지 못한 이치를 깨닫는다. 집을 떠나야만 몸으로 배울 수 있는 것들이다.

"전동욱 해병님, 전역하면 가장 하고 싶은 일이 있습니까?"
"현호, 너 나랑 무전여행 한번 해 볼래? 전국 일주!"
나보다 2주 먼저 입대한 맞선임 전동욱 해병님은 사회에서 럭비선수로 활동한 학생이었다. 산적같이 생긴 외모와 달리 온순하고 꼼꼼한 면이 있어서 덜렁거리는 나와 마음이 잘 맞았다. 둘 다 다른 부대에서 생활하다가 일병 때 지옥 같은 중대 본부로 전입된 신세라는 점도 같아서 처음부터 형제처럼 때론 친구처럼 가까워졌다.

2년여의 억압된 생활에서 벗어나 세상을 마음껏 돌아다니고 싶었다. 산에 오르고, 바닷물에 풍덩 빠져 보고, 심장이 터질 때까지 달려 보고 싶었다.

마침내 우리는 배낭에 대형 태극기와 해병대 깃발을 꽂고, 임진각에서 제주도까지 무전여행 자전거 전국 일주를 시작했다. 도중에 마음이 약해질까 봐 일부러 지갑을 놓고 갔다.

길에서는 식당 아주머니도, 산골의 전방 할아버지도, 국도의 찜질방 사장님도 모두 친구였다. 허심탄회하게 소주 한잔 기울일 수 있었고, 웃으면서 밥 한 그릇 뚝딱 먹고 한 그릇 더 달라고 애교를 부릴 수도 있었다. 세상을 살아가는 동안 이런 분들과 이렇게 만나서 대화도 하며 어울리는 기회가 언제 있겠는가.

여행 나흘째, 그날도 어김없이 천안에 있는 식당에 점심 구걸을 하러 들어갔다. 다행히 식당은 바쁘지 않았고, 주인 아주머니 둘이서 조용히 점심 손님을 맞이하고 있었다.

찬밥 좀 달라는 말이 끝나기도 전에 아주머니들이 웃으며 반겨 주었다.

"아이고, 총각들, 일단 어여 앉아."

우리가 마냥 귀여워 보였나 보다. 아주머니들은 따뜻한 밥과 반찬

을 한 상 가득 차려 주고는 먹고 얼마든지 더 먹으라며 밥 한 그릇을 더 퍼 주었다.

"밥 다 먹었으면 진짜 일을 해야지?"

우리가 숟가락을 내려놓자 마침 어항 청소를 할 때라며 일을 시켰다. 사실 시켰다기보다 함께 작업했다. 어릴 때 집에 있던 어항은 당연히 부모님이 청소했기에 어항에 이렇게 때가 쉽게 끼는 줄 몰랐다. 따뜻한 밥을 얻어먹고 함께 어항을 청소하며 우리는 이런저런 대화를 나눴다. 모처럼 따뜻한 인심을 느끼고 일어서려는데 아주머니가 우리를 다시 붙잡았다.

"이거 얼마 안 되도 청소한 값 줄 테니 나중에 먹고 싶은 거 사 먹어. 어린 나이에 용기가 대단한 것 같아서 주는 거니까 받고 또 열심히 가라고."

아주머니들이 준 것은 밥 한 그릇과 돈 5,000원 이상의 그 무엇이었다. 사람에게 얻는 교훈과 마음으로 주는 선물은 표현할 수 없는 감동이었다. 처음 보는 낯선 이들에게 친절을 베푸는 용기와 지혜에 자연스레 고개가 숙여졌다. 몸집도 작은 아주머니들이 산적 같은 우리를 단 한 시간 만에 고개 숙이게 만든 것은 비단 그분들의 친절만은 아니었다. 그분들이 세상살이를 하며 쌓아 온 지혜와 인정이야말로 젊고 혈기왕성한 우리에게 큰 교훈이 되었다. 세상 모든 사람은 자신만의 이야기가 있고,

그 이야기마다 큰 교훈이 녹아 있다. 살면서 얼마나 많은 사람을 만날지 모르지만 그 교훈의 절반만이라도 내 것으로 만들 수 있다면 언제든 다시 여행을 떠나기로 마음먹었다.

_____ 간첩 사건

충북에서도 재미난 경험을 했다. 마을회관에서 잠자리를 구하느라 마을 어른들께 우리를 소개하다가 특별히 아들처럼 반겨 주는 분들을 만나 술자리를 열고 모처럼 신나는 저녁을 보냈다. 배부르고 등이 따뜻하니 잠이 솔솔 오며 포근한 밤을 보낼 수 있었다.

그런데 갑자기 나를 깨우는 소리가 들렸다.

"야, 오현호! 빨리 일어나!"

눈을 떠 보니 시간은 밤 1시, 전동욱 해병님이 씩씩대며 나가자고 재촉했다. 어리둥절해하며 정신을 차리자 약간 소란스러운 분위기가 감지되었다. 함께 술자리를 했던 어르신이 손가락질을 하며 고성을 지르고 있었다.

"이 간첩 같은 자식들, 얼른 너네 나라로 꺼져라!"

간첩은 대체 무엇이며, 이 새벽에 왜 우리에게 화를 내는 것인지, 대체 이 상황은 뭔지 싶었지만 일단 흥분한 맞선임을 데리고 나가는 수밖에 없었다. 그렇게 밤 1시가 조금 넘은 시간에 밖으로 내쫓기는 신세가 되었다.

"근데 우리가 뭘 잘못했다고 저렇게 소리를 질러요?"

"너 잠들고 나서 계속 술 마시며 기분 좋게 이야기도 하고 그랬거든. 문득 기념하고 싶어서 아저씨한테 사진 한 장 찍자고 했어. 근데 아저씨가 갑자기 '사진을 왜 찍냐?' 하시는 거야. '기분 좋아서 기념으로 남기려고요.' 했더니 갑자기 '너 KBS에서 나왔냐?' 하시더라고. '아뇨, 저희는 여행하는 대학생이에요. 사진은 추억을 남기려고요.' 그랬지."

"그런데 뭐가 문제예요?"

"내 말이 끝나기 무섭게 대뜸 '너희 혹시 간첩 아니냐? 보니까 행색도 그렇고 싸돌아다니는 것도 그렇고 수상해! 그러고 보니 이것들 수상해. 너 뭐야, 이 자식아?' 하더라고…."

말꼬리를 흐리는 모습을 보니 대충 짐작이 갔다. 나는 정신을 똑바로 차리고 바짝 붙어 따라오라고 당부했다. 그날 밤 술에 취해 도랑으로 떨어지기도 하는 맞선임을 데리고 세 시간을 걸어간 끝에 겨우 모텔을 발견하여 운 좋게 잠자리를 얻을 수 있었다.

다음 날 아침 모텔 사장님이 우리를 불렀다. 어떤 놈이 공짜로 재워 달라고 했는지 한번 만나 보고 싶다는 것이었다. 알고 보니 모텔 외에도 식당 등 사업체를 여러 개 운영하는 분이었고, 우리 여행 이야기를 굉장히 흥미롭게 들어 주셨다.

"너희 목적지가 어디냐?"
"제주도입니다!"
"그래? 잠시만 기다려 봐."
사장님은 바로 휴대전화를 꺼내더니 어딘가에 전화를 걸었다.
"어, 김 사장, 잘 지냈어? 여기 무전여행을 하는 대학생 둘이 있는데, 다음 주쯤 제주도에 도착한다네. 가면 밥이라도 한 끼 챙겨 줘."
"너희를 보니까 내 어릴 적 생각이 나서 그래. 나도 너희처럼 자전거 타고 여행했거든. 무전여행도 생각했지만 그렇게까진 못 했는데, 용기 있는 모습이 보기 좋다. 이분 연락처 줄 테니까 제주도 도착하면 바로 전화해서 맘껏 얻어먹어라, 하하!"

덕분에 럭셔리한 리조트에서 이틀 밤을 자고 다시 배고픈 무전여행 길로 돌아왔다. 이 모든 것은 길에서 이루어졌다. 모르는 이들에게 다가갔고, 대화했고, 많은 분이 자신이 가진 것을 나누어 주었다.

———— 길에서 만난 사람들

하루는 경기도 전곡의 교회에서 작은 방을 구할 수 있었다. 그런데 따로 욕실이 없어서 마당에 있는 수돗가에서 샤워해야 했다. 자연스레 바깥에서 홀딱 벗고 씻기 시작했다.

밤이라 잘 보이지 않았을 테지만 사방이 트인 곳에서 실오라기 하나 걸치지 않는다는 것은 그만큼 신선했다. 생각보다 부끄럽지 않았다. 누가 본다 한들 오늘 말고는 볼 일이 없는 사람들이라 생각하니 마음이 편했다.

모든 일이 다 그렇지 않을까. 남의 시선을 의식하다 보면 지금 이 순간 내가 행복하기 힘들다. 나는 하루 종일 쏟아 낸 땀을 씻고 싶고, 그래야만 모기를 피해 편안하게 잠들 것이다. 그런데 남이 내 알몸을 보지 않을까 걱정하다 보면 그 행복을 누릴 수 없는 것이다.

명심하자. 잠깐 부끄러우면 하루가 행복하다. 남의 시선을 의식하지 않으면 상상도 못할 일들을 시작할 수 있는 자신감이 생긴다.

그렇게 나는 구걸의 왕이 되었다.

"안녕하세요. 저희는 무전여행을 하는 대학생입니다. 임진각에서 제주도까지 달리고 있고요. 혹시 남는 찬밥 한 공기만 얻을 수 있다면 이곳에서 할 수 있는 설거지, 청소 등 각종 잡일을 도와드리겠습니다!"

처음 시작할 때의 성공률은 10퍼센트도 못 됐다. 하지만 시간이 지날수록 성공률이 높아져서 3주 차에는 60퍼센트까지 올릴 수 있었다.

의외로 우리를 반기는 분이 많았다. 조그만 시골 식당의 경우 젊은 이들이 찾아갈 일이 없기 때문에 주인 입장에서는 신기한 일이었을 것이다. 우리는 바로 그 점을 이용해 더욱 자신 있게 들이밀었고, 먹은 만큼 즐겁게 일했다.

어떤 일을 처음 할 때는 한 번쯤 상대방의 입장에 서서 생각해 봐야 한다. 그래야 나의 위치와 모습이 냉정하게 보이고, 내가 어떤 말과 행동을 했을 때 기분 좋게 보이고 들리는지 알 수 있다. '구걸'은 절대 추잡한 행동이 아니었다. 상대방 입장에서는 청년들의 당당한 도전처럼 보일 수도 있고, 어릴 때 한 번쯤 꿈꿔 본 순간처럼 다가올 수도 있는 것이다.

물론 좋은 기억만 있는 것은 아니다. 제주도 가는 배를 타려면 목포로 가야 했다. 중간에 할아버지 할머니가 계시는 영광을 들르기로 했다. 영광에 도착하니 마침 점심때여서 할머니가 차려 주는 밥을 맛있게 먹었다. 오랜만에 할머니를 만난 반가움과 더불어 마음 편히 쉴 수 있는 곳에 도착했다는 안도감에 오직 푹 쉬겠다는 의지뿐이었다. 할머니는 밥상을 차려 주곤 바쁘게 또 밭으로 가셨다. 그런데 전동욱 해병님이 물었다.

"현호야, 할머님 어디 가셨어? 일하러 가신 것 같은데 우리가 가서 좀 도와드려야 하는 거 아냐?"

아차 싶었다. 어릴 적부터 할머니는 늘 밭에 계셔서 할머니가 밖에 나가신 것을 아무렇지 않게 생각했다. 식당에서 아주머니들이 밥 한 그릇 주시면 설거지도, 물청소도 그렇게 열심히 했으면서 정작 친할머니의 밥상과 일거리는 당연하게 생각한 것이다.

할머니를 찾아 집 주위 논밭을 맴돌긴 했지만 결국 우리는 그날 할머니를 돕지 못했다. 발 뻗고 쉬려고만 한 내가 한심했다. 길에서 배운 친절과 인품을 단지 한순간 감탄하고 만 것은 아닌지, 겉으로만 새로운 경험을 하며 배웠다고 했을 뿐 실제 내 행동은 크게 달라지지 않았다는 죄책감에 휩싸였다.

어릴 적부터 늘 예뻐해 주기만 하신 할머니 할아버지 품에 안기니 자연스레 어린애가 되었나 보다. 우리가 일상에서 받아 온 사랑은 당연한 게 아니었다. 누군가에게는 돌이킬 수 없는 시간일 수도 있고, 누군가에게는 평생 경험해 보지 못한 감정일지도 모른다.

막상 가까이 있는 이들에게 소홀했던 나 자신을 돌아본 시간이었다. 부끄러워서 전동욱 해병님에게 말하지는 않았지만 그날 나는 몸만 컸지 정신은 한없이 어린 녀석에 불과했다.

그렇게 전국을 떠돌며 만난 어르신이 족히 백 명은 될 것이다. 신기

한 점은 그중 절반이 넘는 어르신이 다시 길을 떠나는 우리를 보며 똑같은 말을 남겼다는 사실이다.

"나도 너희처럼 자전거 여행을 해 보고 싶었는데…."

세상에 자전거 전국 일주를 하고 싶어 하는 사람이 이렇게 많은 줄 몰랐다. 그리고 그때 깨달은 것이 있다.

꿈은 누구나 꾸지만, 누구나 행동하는 것은 아니다.

하고 싶은 일이 생기면 당장 해야 한다. 졸업하고 해야지, 돈 벌어서 해야지, 결혼하고 해야지, 애 크면 해야지 하다 보면 이미 꿈은 저만치 가 있다.

나는 내가 하고 싶은 일을 찾아 떠나기로 마음먹었다.

여행을 다녀온 후 앞으로 무엇을 하고 싶은지 생각해 보았다. 막상 하고 싶은 일은 떠오르지 않았지만 가고 싶은 곳은 있었다. 호주였다. TV에서 본 대자연을 두 눈에 담고 싶었다. 무엇보다 영어를 잘하고 싶었기에 도전하지 말아야 할 다른 이유가 없었다.

군대에 다녀온 뒤로는 전처럼 부모님한테 삶을 의지하고 싶지 않았다. 첫 번째로 시도한 일은 스스로 생활비 벌기였다. 혼자 사는 게 독립이 아니라 경제적으로 독립해야 완전한 독립이라고 생각했다.

호주에 가려면 생활비와 더불어 여윳돈이 필요했기에 일을 시작했다. 역삼역에 위치한 고층 빌딩의 보안팀에 들어갔다. 해병대 출신에 키가 큰 편이라 나이는 어렸지만 운 좋게 일을 시작할 수 있었다. 힘들어도 수입은 다른 일보다 괜찮았다. 세 팀이 2교대로 일하는데, 한 팀이 팀장을 포함해 일곱 명이고, 여섯 명의 팀원이 다섯 개 출입구를 한 시간마다 돌아가며 관리하는 시스템이었다.

야간 근무 때는 14시간 일했는데 출입구를 폐쇄하는 대신 교대로 건물 전체를 돌아다니며 보안을 확인해야 했다. 외국계 기업이 많이 입주한 빌딩이라 다양한 기업의 사무실을 볼 수 있는 기회였다. 42층부터 44층은 한 외국계 회사가 사용했는데, 책상 간격도 널찍널찍하고 고층에서 바라보는 야경도 운치가 있었다.

이런 곳에서 일해 보고 싶다는 꿈이 싹트기 시작했다. 실제로 함께 근무한 다른 팀의 선임은 빌딩에 입주한 기업체 임원에게 좋은 인상을 심어 주어 스카우트되는 기적 같은 일이 일어나기도 했다.

우리 팀에는 나보다 나이는 조금 많지만 고등학교 졸업하고 계속 일해서 선임이 된 형도 있었고, 유도학과를 졸업한 사람도 있었다. 각자 다른 길을 걸어온 사람들이 서로 다른 꿈을 안고 일하는 모습이 내게 많은 자극을 주었다. 하루에 두 번 정도 한 시간씩 쉬었는데, 보안팀의 휴게실은 지하 3층의 작은 방이었다. 편의점에서 사 온 라면과 미리 지어 둔 밥으로 점심을 해결할 때가 많고 불편한 점도 있었지만 처음 겪는 사회생활로는 나쁘지 않았다.

한 건물에서 다양하게 일하는 사람들을 볼 수 있다는 것이 가장 큰 자극으로 다가왔다. 이름만 대면 누구나 알 만한 기업의 대표, 그 밑에서 일하는 엘리트 직원들, 자신의 이름을 걸고 장사하는 상가 주인들, 그 상가에서 일하는 내 또래 아르바이트생들, 모두 퇴근하면 슬그머니 나타

나 구석구석 청소하는 미화팀 아주머니들, 빌딩의 가장 어둡고 낮은 곳
에서 일하는 주차팀 직원들 그리고 나.

　학업을 포기하고 사회에 뛰어들어 조금 일찍 자신의 길을 다져 가는
사람도 있고, 적성에 맞는 일을 찾아 여러 가지 직업을 전전하는 사람도
있었다. 다양한 이유로 함께 일하는 이곳에서 나는 왜 공부를 해야 하고,
영어를 배워야 하고, 더 다양한 경험을 쌓아야 하는지를 배웠다. 매일 7
시에 출근하고, 지하 사무실에 1열 횡대로 서서 군대처럼 아침 조회를
하고, 하루 종일 빌딩 입구를 지키는 힘들고 지루한 일이지만, 앞으로 어
떻게 살아야겠다는 동기가 되었다.

　아직 우리 사회에는 직업의 귀천이 존재한다. 돈으로 나눈 계급도 존
재한다. 학벌에 따른 차별도 있으며, 심지어 인종 차별마저 만연하다. 훗
날 호주에 갔을 때 청소 일을 했지만 차별받는다는 느낌은커녕 이렇게
일하고 이 돈을 받아도 되나 싶었다. 직업의 높낮이도 없을뿐더러 청소
라는 일 자체에 거부감을 느낄 이유가 없었다.

　공공의 안전을 위해 밤낮을 가리지 않고 땀을 흘리는 보안요원처럼
사회 구석구석에 일하는 분들이 있다. 누구 하나 소중하지 않은 사람이
없고, 무시받을 직업도 없다. 진정으로 천한 직업은 남을 해치는 일이다.
그런 일을 제외하면 모든 노동에는 교훈이 있다.

Part 3

·

낯선 세계를
두려워 마라

꿈을 현실로 만드는 방법

호주의 광활한 대지에서 쌓아 올린 강렬한 추억들은 아직까지도 뇌리에 남아 있다. 호주는 내게 열정 없는 삶은 의미가 없다는 것을 뼈저리게 알려 준 곳이다. 내가 아는 세상은 너무나 좁은 곳이었음을 깨달았고, 내가 아는 역경은 그저 찻잔 속의 태풍이라는 것을 알았다. 찻잔 밖으로 나와서 돌아보면 그마저도 태풍이 아니라 실바람에 불과했다.

나는 영어, 돈, 스쿠버다이빙을 목표로 호주행 비행기에 올랐고, 1년 후 그 세 가지에 자신감을 안고 돌아왔다.

나는 호주의 중심 에어즈록에 위치한 호텔에서 청소부로 일했다. 호주, 인도네시아, 일본에서 온 친구들과 어울리며 영어를 빠르게 익힐 수 있었다. 나중에 안 사실인데 호주, 인도네시아 친구는 게이 커플이었다. 나는 너무나 충격을 받았고 인정하기도 힘들었다. 그간 내게 얘기하지 않았다는 사실에 배신감도 든 데다 괜히 민망해서 며칠간 연락하지 않앉다. 그런데 곰곰이 생각해 보니 별것 아닌 일에 그들을 멀리하는 내가 부끄러웠다. 게이라는 걸 모를 때는 매사에 고마워하고 누구보다 친했으면서 그 두 글자에 이렇게 변한 내가 한심했다.

사실 그 친구들이 있었기에 호주에서 빠르게 적응할 수 있었고, 영어로 생각하고 소통하는 법을 익혔다. 그들이 있어 지금의 내가 있다고 할 정도로 좋은 경험을 만들어 준 고마운 친구들이었다. 이내 다시 친해지긴 했지만 그 후로 보이지 않는 벽이 생긴 것은 사실이다. 예전처럼 아무렇지 않게 장난치고 수영하고 운동하고 싶은데 서로 그러지 못했다. 차라리 허심탄회하게 터놓고 얘기해서 풀었으면 어땠을까 하고 생각해 본다.

영어를 익히고 호주 전역을 여행한 뒤 스쿠버다이빙 강사가 되기 위해 스쿠버다이빙의 메카 케언즈로 갔다. 이력서와 자기소개서를 만들어 케언즈의 다이빙 숍을 스무 군데나 돌았다. 그러나 다이빙 경험이 전혀 없는 아시아 꼬마를 받아 주는 곳은 없었다. 수중에 딱 4개월 치 생활비만 남아 있어 고가의 스쿠버다이빙 교육비를 낼 수 없었지만 반드시 배워 보고 싶었다. 바다 속에는 무언가 내가 모르는 세상이 있을 것 같았다. 불가능을 동경하고 무모한 도전에 열정을 쏟기 시작한 것이 이때부터였다.

_____ 스쿠버다이빙 강사가 되고 싶어요

'왜 인간은 바다 속에서 숨을 쉴 수 없을까?'

　허황된 의문을 품고 일자리를 전전하던 중 배 그림이 그려진 벽보 한 장을 발견했다.

　제가 배 하나가 있는데 보수 작업이 필요합니다.

　일주일간 함께 일할 수 있는 경력자를 찾습니다.

　보수로 '스쿠버다이빙 오픈 워터 자격증'을 드리겠습니다.

　이거다 싶었다. 누가 볼세라 벽보를 찢어 품에 안고 집으로 돌아왔다. 자전거 페달을 밟으며 달린 30분이 빠르게 지나갔다. 가슴이 마구 뛰었다. 벌써부터 다이버가 된 기분이었다. 엄청난 설렘이었다. 세상을 다 가진 듯했다. 혹시나 기회를 놓칠까 봐 뭐라고 말할지 A4 용지에 가득 적어 놓고 바로 전화를 걸었다.

　"안녕하세요. 저는 한국에서 온 현호라고 합니다. 해병대를 나왔기 때문에 배 수리부터 웬만한 건 다 할 줄 알아요."

　당연히 허풍이었다. 이 전화 한 통으로 기회를 잡으려면 자신 있는 모습을 보여야만 했다. 인연이었을까, 배 주인은 나를 맘에 들어 했고, 다음 날부터 함께 일하기 시작했다. 다행히 어렵거나 힘든 일은 아니었다. 나무를 자르고, 매끈하게 사포질을 하고, 페인트칠을 하면 되는 정도였다.

   알고 보니 나를 고용한 존은 스쿠버다이빙 강사였다. 그 사실을 안 순간 이 사람이 내 인생을 바꾸어 줄 것만 같았다. 살다 보면 인생의 은인을 만나는 기회가 몇 번은 온다고 하지 않는가. 바로 그 기회란 확신이 있었다. 보수 작업이 조금 더 남았기에 다른 친구들이 근무 기간을 마치고 돌아간 후에도 나는 며칠 더 일했다. 그리고 마지막 날 조심스레 물어보았다.

   "존, 사실은 스쿠버다이빙 강사가 되고 싶어서 케언즈에 왔는데 아무도 저를 안 써 줬어요. 그러다가 돈이 다 떨어졌을 때 우연히 당신을 만난 거고요. 제가 다이빙 강사가 되게 도와주실 수 있나요?"

   절박했다. 단어 하나하나에 진심을 담았다.

   존은 잠깐 고민하는 표정을 짓더니 미소를 지으며 대답했다.

   "그럼 내일 당장 피츠로이 아일랜드로 가자. 수영복 챙겨 봐. 너희 집으로 데리러 갈게."

   머릿속에서 폭죽이 수십만 개는 터지고 있었다. 한쪽에서는 삼바 축제가 열렸다. 그냥 미칠 듯이 행복했다. 알고 보니 존은 피츠로이 아일랜드 리조트의 다이빙 숍에서 프리랜스 강사로 일주일에 한 번씩 일하고 있었다.

존의 도움으로 피츠로이 아일랜드 리조트 다이빙 숍에서 무보수로 일하며 오픈 워터 다이버, 어드밴스드 다이버, EFR 응급 구조, 레스큐 다이버, 다이브 마스터 등 다섯 개 자격증을 모두 따는 데 성공했다. 100회가 넘는 바다 다이빙과 자격증. 당시 다이빙 강사가 되기 위해 케언즈를 찾는 사람들이 수백만 원에서 수천만 원을 투자하는 것에 비하면 엄청난 행운이었다.

나는 단 하루도 쉬지 않고 매일 바다 속을 탐험했다. 물속에 있는 것 자체가 행복했다. 산호초와 물고기들은 같은 자리인데도 매일 다른 모습을 하고 있었다. 다른 리조트에서 일하는 친구들이 쉬지도 않고 매일 다이빙하는 나를 정말 신기해했는데, 내 인생에서 가장 행복한 시간이었다.

돈이 없어서 식빵으로 끼니를 해결했지만, 그런 건 중요하지 않았다. 내가 어떤 음식을 먹고 무슨 옷을 입는가는 하나도 중요하지 않았다. 내가 다이버란 사실 자체에 이미 배가 불렀고 명품 옷을 입은 기분이었다. 전 세계 관광객들에게 수중에서 어떻게 호흡하고, 어떻게 유영하는지 영어로 가르칠 수 있다는 사실 자체가 좋았다. 그렇게 나는 행복이 무엇인지를 몸으로 터득했다. 다이빙은 근처에도 못 가 보고, 영어 한마디 할 줄 몰랐던 내가 말이다.

사람들은 보이는 것으로 자존감을 높이려 한다. 하지만 비싼 옷을 입

WANTED

Willing Workers on Wooden Boats
Sanding Painting Stepping Masts
Old Pearling Lugger 1936 needs helping hands

7 Days work (incl Lunch)

Free Dive Course on Magnetic Island (off T'Ville)

&

A sunset cruise on the Pearling Lugger you've helped to restore
If you are looking for something different and are not afraid of
work and want to make a difference
Please call the Captain
Hotel Bravo 0412 712 042

는다고 몸값이 올라가는 것도 아니고, 훌륭한 음식을 먹는다고 훌륭해지는 것도 아니다. 남들이 해내지 못한 무언가를 해냈을 때 품격 있는 모습이 몸에 배는 것이다.

그 어떤 상황에도 기회는 존재한다. 하고 싶은 일이 있으면 그 일을 할 수 있는 곳으로 가서, 그 일을 하는 사람들을 만나고, 그 일을 할 수 있도록 부딪쳐 봐야 한다. 아주 간단하다. 책상 앞에 앉아 수십 시간, 수백 시간 고민해 봤자 이루어지는 일은 없다.

하고 싶은 일이 있다면 지금 당장 책상을 박차고 일어나 밖으로 나가야 한다. 움직이고, 만나고, 대화하고, 몸으로 부딪치다 보면 우리 주변에 얼마나 많은 기회가 있는지 깜짝 놀라게 될 것이다.

_____ **바다에 뛰어들다**

스쿠버다이빙 스승님 존은 목소리와 풍채가 배우 뺨치는 분이었다. 하얀 머리와 턱수염, 깊은 눈망울과 중저음의 차분한 말투는 그 자체만으로 무게감이 상당했다. 가끔씩 의미 깊은 조언도 아끼지 않았다.

"존, 저기 배 들어와요."

"휴노(현호), 저 사람들에게 바다는 그저 관광지야. 놀고, 수영하고, 태닝하는 곳. 하지만 우리에게는 일터지. 바다가 있기에 네가 일할 수 있는 거야. 그 사실을 항상 명심해."

그분 입장에서는 영어도 완벽하지 않은 아시아 청년을 그렇게까지 도와줄 필요가 없었을 텐데 정말 고마운 일이다. 어떤 힘이 작용했는지 그런 분들을 만나고, 또 내게 그런 친절을 베풀어 준 분들이 있었다는 것 자체가 천운이었다.

길을 가다가 존이 붙인 구인 광고를 보지 않았다면, 과연 스쿠버다이빙 강사가 될 수 있었을까? 광고지를 보고 맨 처음 전화를 걸었을 때 말까지 더듬는 나를 존이 꺼려했다면? 단순히 일주일 동안 배 고치는 작업만 하고 헤어졌다면? 사람의 인생은 한 치 앞도 알 수가 없다. 하지만 '열정'만으로도 내가 원하는 길로 나아갈 수 있음을 경험으로, 그리고 온몸으로 깨달았다.

내가 일한 피츠로이 아일랜드 리조트의 다이브 숍 사장님은 배가 나오고 늘 술 취한 것처럼 농담을 잘하는 가벼운 성격이었다. 나 같은 무급 인턴에게 특별히 신경 쓰는 사람은 아니었다. 그런 그가 나를 특별히 챙겨 주기 시작한 것은 한 여행사에서 단체 관광 코스에 내가 일하는 리조트를 넣으면서였다.

나는 한국 사람이 우리 섬에 온다는 사실만으로 완전히 흥분했다. 한국인이 찾는 관광지가 아니었기에 한국말을 하고 나와 비슷하게 생긴 사람들이 일주일에 두 번씩 온다는 사실만으로 설레기 시작했다. 누가 시키지도 않았는데 배가 케언즈를 출발하면 마이크를 잡았다.

"안녕하세요. 피츠로이 아일랜드에 오신 것을 환영합니다. 저는 이곳에서 스쿠버다이빙을 가르치는 오현호라고 합니다. 반갑습니다."

나는 섬에서 할 수 있는 것들과 각종 지역 정보를 알려 주었고, 관광객들은 한국인 스태프라는 것만으로 이것저것 물어보고 의지했다. 처음에는 피부색이 꽤나 어두워진 데다 뒷머리는 어깨까지 내려와서 내가 한국말을 하면 한국인 관광객이 "저분 한국말 잘하시네!"라고 감탄하기도 했다. 예상치 않게 스쿠버다이빙을 원하는 분이 많아서 우리 다이빙 숍의 매출이 급격하게 뛰었고, 사장님은 나를 대견해했다.

사실 다이빙 숍의 매출을 올리려는 의도는 없었다. 그저 한국 사람들이 왔다는 것만으로도 기뻤고, 내가 도움이 된다는 사실만으로도 즐거웠다. 그런 모습이 한국 관광객들에게도 조금은 특별하게 보였나 보다. 당시 나에게 다이빙을 배운 분이 자신의 SNS에 올린 글을 보았다.

이 청년의 눈빛을 보며 많은 것을 깨달았다.

영어를 배우기 위해 다이빙을 시작했다는 청년.

그의 친절함과 열정 속에서 나는 많은 것을 얻어 간다.

좋아하는 일을 했기 때문에 그만큼의 열정이 생긴 것 같다. 열정이 있다면 집중하여 열심히 할 테고, 그런 사람이라면 누구든 끌리기 마련이다. 시간이 흐를수록 열정과 집중력이 조금씩 줄어들긴 했지만, 10년이 지난 지금도 무기력하다고 느낄 때면 당시의 내 모습을 떠올리곤 한다. 아무것도 없던 시절, 물속에서 숨 쉬는 것만으로 온 세상을 다 가졌던 그때의 나를 기억하며 다시금 힘을 얻곤 한다.

버버리 직원이 되다

호주에서 얻은 행운은 여기서 끝이 아니다. 케언즈에서 가장 크고 고급스러운 곳이 DFS 갤러리아라는 면세점인데, 그곳에서 일하고 싶다는 막연한 꿈이 있었다. 용기 내어 이력서를 쓰고, 면접을 보고, 대표까지 만나고 나서 기적처럼 면세점의 버버리팀으로 들어갔다.

면세점 고객의 90퍼센트는 일본인 관광객인데, 일본어를 못하는 직원은 나를 포함해 몇 명 되지 않았다. 생긴 건 가장 일본인 같은데 일본어를 한마디도 할 줄 모르니 당황스러운 것은 고객이었다. 아주 자연스럽게 일본어로 말을 걸었는데 내가 영어로 대답하면 깜짝 놀라곤 했다.

그럴수록 누구보다 더 친절하게 영어로 설명했고, 간단한 말 정도는 일본어를 배우기 시작했다. 그 후 한 고객이 투어 가이드에게 버버리 직원이 친절하다는 코멘트를 남겼는데, 이 내용이 매니저에게 전달되어 전체 회의 때 고객 응대 모범 사례로 오른 적이 있었다.

정말 신기하지 않은가? 지금 생각해도 말이 안 된다. 친절한 일본인 직원이 그렇게 많은데, 나처럼 영어로 말하는 사람이 더 친절하다고 느끼다니. 언어가 통하지 않더라도 눈빛과 억양, 손짓 발짓만으로도 교감하고 소통할 수 있는 것이다. 성격 자체가 사람 만나는 걸 좋아하지만, 내게도 특출 난 서비스 정신이 있다는 점이 놀라웠다. 일본어를 못하는 것은 전혀 부끄럽지 않았다. 서툴러도 일본어로 대화하려 했고, 일본인 관광객들은 일본어가 서툰데도 노력하려는 모습을 좋게 본 것이다.

며칠 후 매장을 돌던 부사장님이 나를 가리키며 말했다.

"저 친구는 유니폼에 버버리 타이를 매면 더 좋을 것 같아."

나는 면세점의 버버리 매장에서 버버리 타이를 선물 받은 최초의 직원이 되었다.

면세점 직원들은 나보다 영어를 잘했다. 일본어도 잘하고 판매 경험도 풍부했다. 그런 분위기에 위축되어 소극적으로 일했다면 영어도 못하고 일본어도 못하는 무능한 한국인 직원에 불과했을 것이다.

내가 가진 단점에 신경 쓰지 않고 내가 노력할 수 있는 부분에 더 집중하면 대가가 따라온다. 너무나 당연한 이치이고 누구나 아는 사실이지만 경험으로 깨닫고 나서 이 공식을 모든 상황에 적용해 보니 자연스럽게 필승의 법칙이 되곤 했다.

생각보다 큰돈을 벌어서 한 달 동안 일본을 여행하고 한국으로 돌아왔다. 떠나기 전에 목표한 영어, 돈, 스쿠버다이빙 세 마리 토끼를 잡았고, 덤으로 자신감이라는 갑옷을 선물 받았다. 특히 영어는 친구들과 놀면서, 다이빙을 설명하면서, 고객을 접대하면서 꾸준히 익히고 실력을 키울 수 있었다. 언어는 책상에 앉아서 열심히 외운다고 잘하는 것이 절대 아니다. 많이 묻고 대답하고, 말하고 들을수록 빠르게 느는 것이 언어다.

호주는 꿈의 나라였다. 행복한 기억뿐이다. 내일에 대한 걱정이 없었기 때문일 것이다. 하루하루 벌어지는 일만으로도 벅차고 감동의 연속이었으니까.

내 이야기를 듣고 많은 친구나 후배들이 호주로 떠났다. 저마다 목표를 가지고 출발했지만 돌아왔을 땐 나와 상반된 경험을 들려주었다.

"호주에서 진짜 힘들었어. 먹는 것도 그렇고, 집 구하는 일도 그렇고. 무엇보다 제대로 된 일자리가 없어서 일을 할 수도 없었어. 영어 실력이 엄청 좋아진 것도 아니고…."

같은 곳에 가도 느끼는 것은 천지 차이였다. 사람들이 입을 모아 파리의 아름다움을 찬양해도 즐길 준비가 되어 있지 않으면 그 아름다움을 즐기지 못하는 법이다. 반대로 즐기려는 마음만 있다면 중동의 작은 시골 마을도 최고의 여행지가 될 수 있는 것이다.

여행이란 그런 것이다. 고급 레스토랑의 코스 요리처럼 누가 먹어도 맛있는 음식이 아니라, 널브러진 다양한 식재료를 어떻게 다듬고 조리하느냐에 따라 최고의 요리가 되기도 하고 입에 넣기 힘든 요리가 되기도 한다.

호주에서 내가 좋아하는 일을 찾아낸 것이야말로 인생 최고의 수확이었다. 다양한 경험을 해야 내가 무엇을 좋아하는지 알 수 있고, 내가 무엇을 좋아하는지 알아야 내가 어떤 일에 흥미와 소질이 있는지 알게 된다. 가슴 뛰는 일을 찾을수록 내 하루가 행복한 일로 가득 차는, 아주 간단한 이치다.

호주에서 영어를 익히고, 면세점의 버버리 매장에서 일하며 돈을 벌고, 스쿠버다이빙 강사라는 최고의 갑옷을 입고 있으니 이제 어디를 가도 자연스레 자신감이 넘쳤다.

4년 만에 돌아간 학교는 전혀 다르게 보였다. 배우고 싶은 과목도 많고, 수업 시간마다 더 집중하고 싶은 욕심이 생겼다. 덕분에 동기나 선후배와 가까워질 기회도 많아졌다.

학교의 모델이라 할 수 있는 홍보대사에 선발되었다. 그것도 회장으로 선출되며 학교의 얼굴 역할을 했다. 학과 학생회장이 되어 학생들의 의견을 대변하기도 했다. 1학년에서 2학년으로 올라왔을 뿐인데 내 모습은 천지 차이였다.

내가 좋아하는 일을 찾아내고, 그 일에 적극적으로 도전하는 습관을 들이니 할 수 있는 일이 무궁무진했다.

_____ 도전을 시작하다

모든 일은 작은 시도에서 시작된다. 대학사회봉사협의회에서 주관하는 대학생해외봉사단에 선발되면 캄보디아를 다녀올 수 있었다. 여행을 좋아하는 내게는 거부할 수 없는 기회였다. 나는 주저 없이 지원했고, 결국 학교 대표로 캄보디아 방문의 기회를 잡았다.

우리가 찾아간 마을은 놀라운 곳이었다. 늘 물이 부족한데도 우기에 홍수가 나면 온 마을이 물에 잠겨 이사를 가야 하는 빈민촌이었다. 그곳에 다일공동체에서 '비전센터'를 지어 마을 사람들에게 점심밥을 지어 주고 간간이 아이들에게 태권도를 가르치는 등 여러 가지 프로그램을 운영하고 있었다. 마을 아이들은 센터에 오는 일이 자연스러워 보였다. 놀이터도 없고 TV도 스마트폰도 없으니 센터에 모여서 공부도 하고 놀기도 했다.

마을 사람들에게 한국에서 온 우리의 모습은 어땠을까. 아이들은 새로운 친구가 왔다는 사실에 크게 흥분했다. 만난 지 한 시간도 안 됐는데 내 등에 매달려서 떨어지지 않는 아이도 있고, 하루 만에 내 손을 잡고 저녁까지 붙어 있는 꼬마 숙녀도 있었다.

그곳에 도착한 둘째 날 아침, 센터에 가니 그 꼬마 숙녀가 기다렸다는 듯 달려들어 잎으로 예쁘게 감싼 꽃 한 송이를 내밀었다. 작은 비닐에 달달한 코코넛 물을 담아 온 아이도 있었다. 아이들은 좋아하는 마음을 서슴없이 표현할 줄 알았다.

아이들 표정에 근심 걱정이란 없었다. 하루 일당이 2달러도 채 안 되는 곳에서 앞으로 무엇을 목표로 삼으며 살아갈지는 잘 모르겠다. 우리가 3주 동안 마을에 소각장을 짓고 영어를 가르치고 태권도를 가르쳐 주고 돌아가면 그들의 삶이 어떻게 달라질지도 의문이다.

나는 그들에게 도움을 준다기보다 그들의 삶을 이해하려고 노력했다. 부유한 집에서 태어나 고급 교육을 받고 세상에 이로운 일을 할 수 있는 반면, 일상생활도 쉽지 않은 곳에서 태어나 환경에 순응하며 자라는 사람도 있다는 사실을 두 눈으로 보았다. 그리고 행복은 단순히 얼마나 가졌느냐에 따라 결정되는 게 아니란 사실에 되레 힘을 얻었다. 없어도 나눌 줄 아는 마음을 가진 사람들을 보면서 과연 누구를 부자라고 말할 수 있는가라는 질문에 빠지기도 했다. 많이 가진 자를 부자라고 할 수 있는지, 많이 나누는 사람을 부자라고 할 수 있는지 말이다.

그 후로도 수많은 프로그램에 참여하면서 생각의 울타리를 차근차근 넓혀 갔다. 수원화성국제연극제 통역, 과천국제연극제 통역, ASEM 재무장관회의 진행요원, 스쿠버다이빙 강사 시험 통역, 독도아카데미 등 다양한 분야에 참가했다. 동시에 학원에서 중등부 영어강사로 일하며 생활비 정도는 직접 해결했다.

이 과정에서 수많은 사람을 만났다. 나와는 비교도 안 될 만큼 많은 책을 읽은 친구도 있었다. 엄청난 추진력으로 많은 이들을 이끌어 낸 기연이 형, 논리적인 설명과 차분한 말투로 모두의 귀를 주목시킨 우진이, 특유의 밝음과 미소로 주위를 밝게 만들어 준 누리 등 다양한 이들을 만나면서 그들의 매력을 내 것으로 만들기 위해 노력했다. 신기하게도 만나는 사람마다 내게 없는 장점이 있었다.

이 모든 것은 집에 있지 않고 밖으로 나가서 이루어진 일이었다. 무언가를 이루고자 하는 마음이나, 변화하고자 하는 의지는 책상 앞에 앉아 책 읽고 공부한다고 생기거나 해결되지 않는다. 우리는 익숙한 환경에서 벗어났을 때 새로움을 느끼며, 새로움을 맞닥뜨릴 때 엄청난 생각을 하게 된다. 집 밖으로 나와야 사람들을 만날 수 있고, 그들이 가진 생각들을 알 수 있고, 많은 이의 장점을 내 것으로 만들 수 있다. 나는 그렇게 조금씩 성장해 갔다.

도전이란 무엇일까? 누구에게는 실행을 의미하고, 누군가에게는 미쳤냐는 말을 듣는 일이다. '미치다'를 사전에서 찾으면 '상식에 벗어난

행동을 하다'라고 나온다. 상식은 남들도 다 하는 일이다.

남들이 당연하게 받아들이는 것을 반대로 생각하는 것이 도전이다.
상식을 깨부수지 않는다면 신화는 생기지 않는다.

_____ **실패도 재산이다**

살다 보면 어떠한 상황에서 누구와 승부를 겨룰지 모르는 일이다. 다양한 상황에서 승률을 높이는 방법은 다양한 경험을 하는 것이다. 내가 잘 못하는 분야, 시도해 보지 않은 분야에서 더 경험을 쌓는다면 새로운 만큼 더 큰 것을 얻는다.

대학 졸업 전에 인턴십을 해 보고 싶어서 해외 출장의 기회가 있는 넥슨 글로벌 인턴십에 도전했다. 게임을 끊은 지 오래되었고, 게임을 좋아하지도 않는데 과연 할 수 있을까? 역시나 최종 단계에서 떨어졌다. 아쉬움이 컸기에 인사 담당자에게 연락했다.

안녕하세요. 오현호라고 합니다. 이렇게 좋은 기회를 주셔서 진심으로
감사합니다. 혹시나 예비 후보를 선발한다거나 제가 선발될 수 있는 기
회가 있다면 다시 한 번 검토해 주시기 바랍니다.

며칠 후 다시 연락이 왔는데, 거짓말처럼 합격자 한 명이 급히 군에 입대하게 되어 나를 1순위로 고려 중이라는 것이었다. 나는 재면접의 기회를 얻었고 인턴십 최종 12인의 명단에 합류했다. 일본과 중국의 전략 방안을 짜는 프로젝트성 인턴십이라 한 팀에 중국어 특기자, 일본어 특기자, 게임 산업 전문가 한 명은 꼭 선발했다. 그들을 빼고 이도 저도 아닌 잡다한 능력을 가진 자가 선발될 수 있었는데 바로 그 한 자리를 내가 꿰찬 것이었다.

하지만 운만으로는 모든 일이 풀리지 않았다. 게임 산업에 대한 이해가 떨어져 뛰어난 통찰력을 발휘하지도, 깊은 조사를 하지도 못한 채 프로젝트를 마무리하고 말았다. 게다가 나는 조장을 맡아 여성 인턴 셋을 이끌었는데, 남자 하나가 여자 셋을 이끌고 팀워크를 만들기가 쉽지 않았다.

다른 팀은 모바일 게임 확산을 위한 모바일 게임 전용 자판기 마케팅을 준비하고 있었다. 새로웠다. 반면 나는 정부와 협력하여 중국에 존재하지 않는 스쿨존을 중국 전역에 만들고, 카트라이더 이미지와 함께 손쉽게 다가가자는 사회 공헌 마케팅에 매달렸다. 중국에서 카트라이더의 인지도가 상당히 낮았던 상황을 생각하면 현실성이 떨어지는 아이디어였다. 그만큼 나는 경험이 부족했다.

　　무엇이든 열정으로만 부딪치려 하는 내게 인턴십 과정은 그야말로 신세계였다. 모든 일은 계획적으로 준비한 만큼 효율성과 성공률이 높았으며, 꼼꼼하고 세밀한 조사 작업을 거쳐야 아이디어를 하나씩 세워 나갈 수 있었다. 뿌리가 튼튼하게 지탱해 줘야 줄기가 뻗어 나갈 수 있다는 것을 배웠다.

　　팀에서 산업 지식이 가장 부족한 내가 후배들과 일하는 것은 쉽지 않았다. 내가 과연 도움이 되는 존재일까 하는 질문을 수도 없이 했다. 하지만 내가 던진 질문만큼 나의 부족함을 깨닫고 성장할 수 있었다. 내가 못하는 일을 해내다 보면 오현호라는 울타리가 조금씩 넓어지고, 언젠가는 동그란 모양의 울타리가 완성되는 것이다.

　　"오빠가 조장인데 그렇게 한숨을 쉬면 어떡해…. 모두가 힘들어해도 오빠만큼은 힘을 내야지."

　　팀원이었던 영은이가 지나가면서 한 말이다. 이 말이 특별한 울림으로 다가와 지금까지도 잊히지 않는다. 과제가 쉽게 풀리지 않아서 나도 모르게 한숨이 나왔는데, 리더의 약한 모습이 팀에 미치는 영향은 생각보다 컸다. 비록 세 팀 중 3등을 했지만, 배울 게 많은 후배들과 3개월을 함께 지내며 나 자신은 아주 큰 교훈을 얻었다.

창의력을 키우고 싶다면
사람과 함께하라

바다 사나이로 살다가 산과 조우했다. 한국산악연맹 오지탐사대에 선발되어 한국 산악계의 거장 유한규 대장님을 비롯한 열 명의 대원과 함께 아프리카 우간다의 르웬조리 산맥 등반에 나선 것이다.

산 사람은 바다 사람과 많이 달랐다. 감정적이고 기쁨을 표출하는 데 거리낌이 없는 바다 사람과 달리 산 사람은 무뚝뚝하고 사려 깊었다. 단체에서 조용히 제 몫을 해야 하기에 그럴 수도 있겠지만 실제로 등산과 다이빙은 많은 부분에서 차이가 있었다.

방콕에서 나이로비로 가는 비행기를 갈아타기 위해 이동하는 중에 대원 소윤이가 설산에 대비한 새 등산화에 걸려 넘어지고 말았다. 순식간에 이마가 튀어나오며 심하게 부어오르는 바람에 공항 병원에 다녀왔다. 첫날부터 정신없는 하루가 이어졌다. 치료를 마치고 티켓을 끊으

려는데 우리 자리가 없다고 하는 게 아닌가. 우리가 늦게 와서 자리가 없
단다. 아프리카에서 종종 있는 오버부킹이었다. 결국 우리는 이디오피
아 아디스아바바를 경유하여 우간다로 가게 되었다.

_____ 산으로 가는 길

우간다의 수도 캄팔라에서 자동차로 밤새 달린 끝에 르웬조리 국립공
원에 도착했다. 우간다는 거의 모든 도로가 흙길이었다. 아스팔트 도로
가 아닌 적갈색 흙길이 이국에 왔다는 사실을 실감케 했다.

먼저 함께 등반할 가이드, 쿡, 포터들을 만났다. 네팔에서 셰르파라
고 불리는 이들은 고산 등반에 동행하면서 길을 안내하고, 바위 구간 자
일 설치를 돕고, 짐을 들어 주며 식사까지 준비하는 그야말로 최고의 등
반가였다. 그들은 보통 포터로 일을 시작하는데, 근방에 사는 이들이 대
부분이고, 아버지의 일을 그대로 물려받은 경우도 있었다. 여름과 겨울
이 이곳의 건기여서 봄, 가을에는 농사를 짓는 등 다른 일로 생계를 유지
한다고 했다. 그들의 일당은 팁을 제외하고 3달러였다. 우리는 엄청난
비용을 들여 산을 타는 셈이었다.

자일 등 각종 등반 장비에다 일주일치 먹거리까지 합하니 짐의 무게가 상당했다. 짐은 포터 1인당 13킬로그램 이하가 나와야 추가 요금을 내지 않는다. 관리사무소 직원이 무게를 잴 때마다 넉살 좋은 정태가 장난을 치고 간지럼을 피우며 열심히 무게를 줄였다. 정태 덕에 17킬로그램의 짐을 부탁하면서도 추가 요금을 내지 않았다. 하지만 포터들을 더 힘들게 하는 것 같아 마음이 불편했다. 우리가 내는 입산료, 포터와 가이드 비용 등이 그들에게 온전히 전달될지도 의문이었다.

산행 첫날, 세 뿔 달린 카멜레온(three horned chameleon)이 인사를 건넸다. 나뭇잎에 매달린 초록색 카멜레온 머리에 뿔 세 개가 달려 있었다. TV에서나 보던 동물을 이렇게 쉽게 마주하다니 신기한 일이었다. 앞으로 나아갈수록 점점 더 이국을 탐험하는 느낌이었다. 산 자체의 색감과 초목들이 그동안 봐 온 것과 판이하게 달랐다. 다섯 시간의 산행을 마치고 2,651미터에 위치한 냐비타바(Nyabitaba) 산장에 도착했다. 그런데 굉장히 낡은 데다 퀴퀴한 냄새가 나서 산장 밖으로 나와 쉬곤했다.

산은 오를수록 더욱 새로운 모습을 보여 주었다. 비의 언덕(Hill of Rain)은 비가 자주 내려서 바닥이 진흙으로 덮여 있었다. 나무들은 수직으로 삐죽삐죽 자라난 데다 눈길이 닿는 곳마다 이국적인 식물 천지여

서 울창한 밀림에 들어선 기분이었다. 뿌연 안개에 뒤덮인 산봉우리가
신비해 보였다.

진흙 바닥이 너무 질척거려서 스패츠에 목까지 올라오는 등산화를
신었건만 발은 늘 축축했다. 밤새 말리려 해도 다음 날 아침에 신발을 신
으면 축축한 기운이 발을 감쌌다. 주변을 둘러보니 가이드들은 모두 장
화를 신고 있었다. 나는 그제야 내 무지를 깨달았다.

대부분의 산장은 통나무집이었다. 나는 매번 정성을 다해 음식을 만
들었다. 요리하는 공간은 산장 옆에 작게 만들어 놓았다. 철제 패널로 텐
트처럼 만들어서 조금은 어둡고 낮았는데, 서너 명이 몸을 숙이고 들어
가 채소를 다듬고 밥을 지었다. 다들 잘 때 일어나 얼음장 같은 물에 쌀
을 씻어 밥을 지었고, 고된 산행을 마치면 쉴 틈도 없이 바로 저녁을 준
비했다. 힘들다는 생각보다는 나도 이런 강한 사람들에게 도움이 되는
구나 싶어 모든 일이 즐거웠다.

정상에 오르기 전날은 해발 4,430미터에 위치한 엘레나 산장에 머
물렀다. 온 산이 바위와 절벽으로 이루어진 곳이라 바위에 지은 산장이
살짝 기울어져 있었다. 몇몇 대원들이 고산병으로 힘들어하는데, 어느
순간 정적을 깨는 음악 소리가 들렸다. 가이드 조엘이 음악을 크게 틀어

놓고 리듬에 맞춰 몸을 흔들고 있었다.

정상에 가까워질수록 기온이 급격하게 내려갔다. 각종 내복에 방한복, 우모복을 챙겨 입고 머리에는 바라클라바까지 뒤집어쓴 뒤 정상 등정에 나섰다. 오르는 길에 일출을 보았는데 칼처럼 솟아 있는 짙은 잿빛 바위들 위로 웅장하게 떠오르는 모습이 장관이었다. 만년설이 나타나 아이젠을 끼고 걸을 때는 기분이 좋아서 날아갈 것만 같았다. 만년설을 얼마나 밟아 보고 싶었는지 모른다. 이 무더운 아프리카에서 만년설이라니, 지난 몇 달간의 고생이 헛되지 않았다.

암벽 구간을 지나고 마침내 정상에 올랐다. 우리는 서로를 얼싸안고 기쁨을 만끽했다. 그런데 갑자기 날씨가 나빠지기 시작했다. 저 멀리서 안개가 들이닥치더니 별안간 우박 같은 눈이 쏟아져 내렸다.

하산을 결정하고 서둘러 내려가는 길에 암벽 구간에서 소윤이가 가이드의 실수로 추락하고 말았다. 발목을 심하게 다치는 바람에 하산 속도가 급격하게 느려졌고 날씨는 더 안 좋아졌다. 계획대로 엘레나 산장보다 더 아래에 있는 키탄다라 산장(해발 4,050미터)까지 가려면 서두를 수밖에 없었다.

나는 남들보다 먼저 엘레나 산장에 도착해 식사를 준비해야 했다.

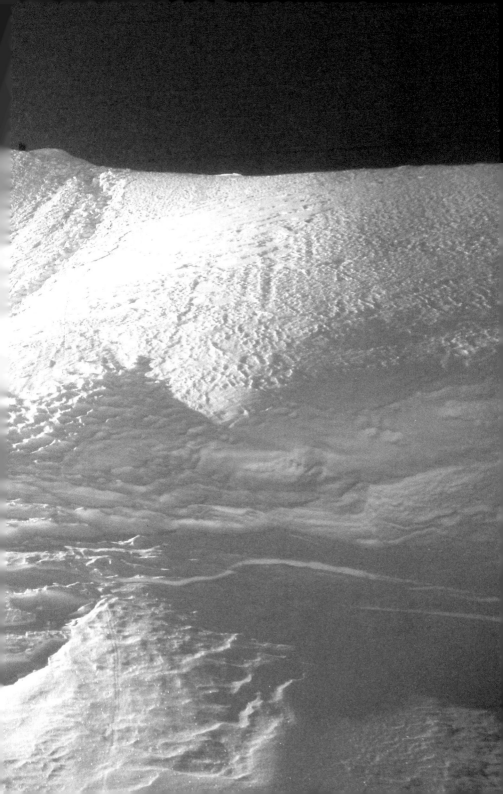

밥을 먹느라 기다리는 시간조차도 버리는 시간이 되어 버리기 때문이었다. 가장 힘든 구간을 끝낸 뒤에 먹는 커리는 꿀맛이었다.

고산병으로 힘들어하는 대원들이 있어 최종 목적지인 키탄다라까지 내려가기로 결정했다. 나는 체력이 가장 좋은 대하를 데리고 먼저 내려갔다. 조금이라도 빨리 내려가서 대원들의 저녁을 준비하기 위해서였다. 녹초가 된 몸으로 가이드를 따라 뛰어 내려가기 시작했는데 무릎이 다 망가지는 줄 알았다. 정신력으로 버티며 순식간에 키탄다라 산장에 이르렀고, 서둘러 김치찌개를 끓였다.

하지만 몇 시간이 지나도 대원들이 내려오지 않았다. 야간 산행은 배로 힘들다. 어두워서 나무뿌리와 돌부리에 걸려 넘어지는 경우도 많고, 랜턴에 의지해 앞을 봐야 하니 그만큼 시야가 좁아진다.

밤 9시가 넘어서야 도착한 대원들은 이미 탈진 상태여서 몇몇은 저녁도 못 먹고 쓰러져 버렸다. 마지막 대원들은 자정에 도착했다. 부축해 일으켜서 겨우겨우 저녁을 먹이고 나니 다들 깊은 잠에 빠져들었다.

나는 몇몇 대원과 불을 피우며 정상에 오른 기쁨을 나누었다. 그리고 두 눈을 의심케 하는 광경을 보고 말았다. 산장 앞 호숫가에 밤하늘의 별이 가득 쏟아져 반짝이고 있었다. 4,000미터 높이에 있는 호수라 밤하늘의 별이 그대로 수면에 비치는 것이었다. 3,000미터를 올랐을 때부터 별 반 하늘 반일 정도로 수많은 별을 보았는데, 호수에 비친 별은 또 새로웠다. 남반구의 수많은 별이 차가운 호수에 촘촘히 박혀 있었다. 황홀했다.

그 순간 노익상 오지탐사대 위원장님의 말씀이 떠올랐다.

"산에 오를 때는 첫째도 체력, 둘째도 체력입니다. 일단 체력이 있어야 산도 감상하고 대원들을 도울 수도 있습니다. 반드시 체력을 기르십시오."

내가 여러 가지 이유로 탈진하여 쓰러졌다면 이 아름다운 호숫가의 별빛을 볼 수 있었을까? 자이언트로벨리아는 3,300~4,600미터 동아프리카 고산 지대에서만 자라는 식물인데, 나는 이 역시 놓치지 않았다. 등반이 너무 힘들어서 보지 못하고 그냥 지나친 대원도 있을 것이다.

산에서 배운 것들

첫째, 산의 매력은 고요함에 있다. 나를 제외하고는 아무도 움직이지 않는다. 정신없이 바쁘게 움직이는 도시와 달리 꾸준히 걸어야 정상에 오르고, 또 꾸준히 걸어야 다시 내려갈 수 있다. 걷다 보면 자연스레 여러 가지 생각을 하게 된다. 전혀 생각해 보지 못한 엄청난 아이디어가 떠오를 때도 있고, 끙끙 앓던 문제가 아주 쉽게 풀리기도 한다. 평상시 생활하는 곳과는 너무 다른 환경이라 다양한 사고를 할 수 있는 것이다.

창의적인 사고를 하고 싶다면 산으로 가라. 가만히 나무의 움직임을 지켜보고, 아무 생각 없이 꽃만 바라보기도 하고, 땀 흘리며 정상을 향해 올라 보자. 전에 없던 생각들이 마구 떠오를 것이다.

둘째, 산에서 시간을 가장 잘 보내는 사람은 건강한 사람이다. 고산병에 시달리느라 밥도 제대로 못 먹고 널브러지면 아무리 돈이 많아도 소용없는 일이다. 누구나 부러워하는 일을 하고 유명세를 떨치는 사람이라도 아무도 알아주지 않는 산속에서는 다 부질없는 법이다. 산에서는 누구나 평등하고 서로 도와야만 정상에 오를 수 있다는 사실을 몸으로 깨닫게 된다.

셋째, 나의 숨겨진 장점을 찾을 수 있다. 알고 보니 나는 '중력을 거스르는 일'이 적성에 맞았다. 3,000미터 고도부터는 산소가 부족해 고산 증세가 나타나기 마련인데 나는 올라갈수록 점점 더 힘이 났다.

어쩌면 설산을 만나고 싶다는 열망이 누구보다 컸기 때문인지도 모른다. 그리고 남들이 위험하다고, 무모하다고 만류한 히말라야 고산 등반에서 숨겨져 있던 나의 능력을 발견했다. 아무래도 나는 남들이 하지 말라는 일을 더 잘하는 것 같다.

하지 말라는 일을 잘하는 걸로는 세계 최고인 사람이 있다. 바로 산에서 만난 최강식 형이다. 형은 세계 최초로 촐라체 등정을 하고 하산하다 크레바스에 추락하여 조난을 당했지만 기적처럼 살아 돌아왔다. 형의 이야기는 박범신의 소설《촐라체》와 SBS 다큐멘터리《하얀 블랙홀》을 통해 재조명되기도 했다.

고산을 등반할 때는 서로의 몸을 묶는 안자일렌을 한다. 누군가 크레바스에 빠진다 하더라도 다른 동료의 몸에 로프를 묶어 추락을 막는 것이다. 이는 반대로 이야기하면 한 명이 추락할 경우 나머지 한 명도 같이 끌려가서 추락사할 가능성이 있다는 얘기다. 그래서 안자일렌의 필요성에 대해서는 여전히 의견이 분분하다.

강식이 형이 구조되어 급하게 한국으로 호송되었을 때, 누군가 동상에 걸려 검게 썩어 버린 손가락을 보고 안타까워했다.

"아이고, 동상이 심하게 걸려 버렸네, 하아."

이 말을 들은 강식이 형의 대답은 간결했다.

"그래도 살아서 돌아왔잖아요!"

카메라는 얼굴을 비추지 않았지만 형의 말투에는 여유와 위트가 있었다. 그는 죽음의 문턱에서도 그리고 손발이 제구실을 못하는 상황에

서도 무엇이 행복한지를 아는 사람이었다. 그는 숨 쉬는 일에 감사하고, 눈떠서 사람들 얼굴을 볼 수 있음에 감사했을 것이다.

손가락 하나만 없어도 밥 먹는 일이 얼마나 힘들 것이며, 발가락 하나만 없어도 걷는 일이 얼마나 불편할 것인가. 우리는 당연한 것들의 소중함을 잊곤 한다.

나를 감동하게 만드는 것들

1 시속 55노트가 지나 비행기가 기울면서 지면과 내가 조금씩 멀어지는 순간

2 예의 바른 사람들과 인사할 때 나누는 눈빛

3 바닷가에서 실컷 수영하고 비치 타월에 누워 온몸으로 햇살을 받을 때

4 아침에 눈뜨자마자 먹는 과자

5 느긋한 일요일 점심에 랩톱으로 보는 영화

6 하얀색 면 티셔츠

7 웃을 때 보이는 하얀 치아

8 뭐 한 것도 없는데 받는 돈

9 마라톤 피니시 라인

10 부모님과 함께 먹는 소박한 식사

11 아침에 눈떴을 때 어딘가에서 들려오는 새소리

12 흰 종이에 조심스레 쓰는 잉크 펜의 촉감

13 모든 사물에 그림자를 만들어 주는 은은한 조명 빛

14 예상치 못한 손편지

15 한눈에 봐도 정성이 가득 담긴 도시락

16 김연아를 향해 외치는 ESPN 앵커의 외침 "Remarkable!"

17 약자의 승리

18   힘들 때 아무 말 없이 곁에 있어 주는 친구

19   까칠까칠 단단한 원색 샤워 타월

20   나도 모르게 흐르는 이마의 땀

21   잘 지내냐는 친구의 이메일

22   바다 속에서 호흡기를 통해 들리는 나의 숨소리

23   모래주머니를 찬 것처럼 무거운 한 걸음을 내딛는 순간 보이는 정상

24   햇볕에 그을려 반짝거리는 피부

25   밥을 거의 다 먹었을 때 엄마가 내미는 누룽지

26   빨래에서 풍기는 섬유유연제 향기

27   우유를 두 번 부을 정도로 맛있는 시리얼

28   새벽에 쓰는 일기

29   잡념이 떠오르지 않는 압도적인 프레젠테이션

30   삼겹살과 막걸리 그리고 나무 아래 비박

31   맑은 날 입는 형광색 티셔츠

32   에너지 넘치는 친구들의 파이팅 넘치는 말투

33   운동 후에 잘 움직여지지 않는 팔

34   낡았지만 아기자기하게 잘 꾸민 게스트하우스

35   기름이 없어도 잘 구워지는 부드러운 프라이팬

36   무심한 나의 한마디에도 두 눈 반짝거리며 귀를 기울이는 후배들

37   바닷가에서 들리는 기타 연주

38   조용히 전해지는 누군가의 배려

39   절대적인 위치에 있는데도 먼저 고개 숙이는 겸손

40 해 질 녘 한적한 곳에서 운전하며 듣는 가사 모르는 노래

41 무라카미 하루키의 소설 말고 에세이

42 교보문고

43 어느 날 문득 듣는 이소라의 노래

44 가슴 설레는 풍경 사진

45 대서양 횡단 카약 영상

46 평범한 제품의 기막힌 광고

47 어디든 떠날 수 있는 자전거

48 침낭에 쏙 들어가서 웅크리기

49 위험한 상황에서도 남을 위해 달려드는 용기

50 지금 이 글을 읽고 작성하는 독자님들의 '나를 감동하게 만드는 것들'

무의식적으로 내뱉는 불평에 내 하루가, 내 모습이, 내 주변이 힘들어질 수도 있다는 생각이 들었다. 의식적으로 좋아하는 것을 떠올리면서 살자. 말하는 대로 이루어진다는 노랫말처럼 내가 좋아하는 것을 계속 만들다 보면 언젠가 나의 하루도 좋아하는 것으로 가득 차는 날이 오지 않을까.

Part 4

가진 것을 버려야
날아오를 수 있다

'대학 생활 중 꼭 해야 할 것은 무엇인가요?'라는 질문을 종종 받는다. 그럴 때마다 나의 첫 번째 대답은 '교환학생'이다. 대학생 신분으로 해외의 또래들과 함께 할 수 있는 유일한 기회다.

교환학생은 단순히 해외 대학에서 공부하고 돌아오는 게 아니다. 다른 나라 학생들과 어울리고 다양한 활동을 접하면서 그들의 문화를 몸으로 배우는 것이다. 그들과 내가 무엇이 다른지 고민하다 보면 자신의 모습을 찾는 데 많은 도움이 된다.

_____ 뒷동산이 알프스, 스위스 로잔대학

나는 스위스 로잔대학에서 교환학생으로 공부했다. 로잔대학에는 각국에서 온 교환학생이 아주 많았는데, EU에서 실시하는 국제 교육 교류 프로그램 '에라스무스(Erasmus)' 덕분이었다. 유럽은 대부분의 나라가 에라스무스를 시행하기 때문에 누구나 원하는 학교에 지원하여 교환학생 프로그램을 쉽게 경험할 수 있다. 한국과 인접한 일본, 중국, 타이완, 홍콩, 싱가포르 같은 나라들이 협력하여 아시아에도 에라스무스가 나오기를 희망한다.

스위스 서부 레만 호 북쪽 연안에 자리한 로잔은 실로 엄청난 도시였다. 스위스 사람들의 삶을 실제로 볼 수 있는 곳이라고 감히 추천할 정도로 멋진 곳이었다. 스위스 하면 인터라켄, 루체른, 취리히 등이 유명하지만, 이런 곳들은 여행지에 가까운 느낌이라 진짜 스위스를 마주하는 느낌이 들지 않는다. 푸른 레만 호수와 만년설로 뒤덮인 알프스를 마주한 로잔은 호수에서 멀어질수록 경사가 지는 도시다. 그 경사에 샛노란 포도밭과 웅장한 숲이 펼쳐지는데 그야말로 장관이다. 나는 조용하면서도 우아하고 고풍스런 멋이 있는 이곳 로잔을 유럽에서 가장 사랑하고 아낀다. 20대에 가장 살고 싶은 곳이 호주라면, 40대에 가장 살고 싶은 도시로 로잔을 꼽을 것이다.

학교 가느라 헐레벌떡 올라탄 버스도 그립고, 집 앞 슈퍼마켓도 정겨운 기억이 되었다. 레만 호수를 따라 이어진 숲길을 지나면 학교가 나오는데, 종종 자전거를 타고 가기도 했다. 학교 앞에서 조용히 호수만 바라

봐도 하루가 지나곤 했다.

　교환학생으로 가서 가장 먼저 시작한 일은 '매주 알프스 오르기'였다. 알프스라는 엄청난 자연 환경 자체가 최고의 놀이터이자 가난한 유학생이 누릴 수 있는 최고의 호사였다. 다행히 스위스에는 '브와 7(Voie 7)'이라는 티켓이 있어서 대학생의 경우 저녁 7시부터 스위스 전역의 기차를 무료로 이용할 수 있었다. 매주 금요일 밤이면 70리터 배낭에 침낭과 먹거리를 잔뜩 넣고 2박3일 주말 여행을 떠나곤 했다. 고르너그라트(Gornergrat), 피르스트(First), 필라투스(Pilatus), 무스플루(Moosflu) 등 다양한 산을 올랐고, 홀로 산에 오르는 법, 길을 찾는 방법, 산에서 즐기는 법을 익혀 나갔다.

　혼자 산을 찾아다니기 시작했다. 혼자 기차를 타고, 혼자 밥을 먹고, 혼자 잠을 자는 일이 처음인데도 어색하지 않았다. 혼자 밥 먹는 걸 처량해할 새도 없었다. 그 누구의 시선도 신경 쓰지 않는 나를 새롭게 만날 수 있었다. 새로운 환경에 던져지니 나의 다른 모습이 보였다. 기차에서 처음 만난 할머니와 강아지 인형 이야기를 나누기도 했다. 기차역에서 노숙을 하기 시작한 것도 이때였다.

　도구의 힘도 있었다. 배낭과 침낭, 매트리스만 갖추면 눕는 곳이 잠자리였다. 어디든 떠날 수 있는 자신감이 생긴 것이다. 숙소에 대한 고민이 사라지자 길을 떠나는 데 1초의 망설임도 없었다.

하루는 잠잘 곳을 찾지 못해서 새벽 거리를 전전하다 작은 리조트 1
층의 창고 같은 곳에서 희미하게 불빛이 새어 나오는 것을 보았다. 무심
코 그쪽을 향해 조금씩 걸어갔고, 누가 들을까 아주 조심스럽게 문을 열
고 안을 들여다보았다. 다행히 문을 살짝 열어 놓은 상태였는데, 방 안
가득 침대 시트를 널어놓은 걸로 보아 빨래건조실 같았다. 한구석에 매
트리스를 깔고 침낭에 들어가니 5성급 호텔이 따로 없었다.

누군가에게 들켰다면 꽤나 자존심 상했을 테지만 돌이켜 생각해도
후회는 없다. 다만 나이에 맞는 무모함이 있었던 것 같다. 그땐 부끄러움
을 몰랐고, 알 수 없는 용기가 넘쳤다.

_____ **책상 앞에서 꿈을 꾸다**

내가 쓰는 기숙사는 창가를 따라 방 다섯 개가 한 줄로 쭉 이어진 큰 집
이었다. 나 말고 프랑스 남학생, 독일 여학생, 캐나다 여학생, 한국 여학
생이 함께 살았다. 내 방은 한가운데였는데 크기는 작았지만 책상 쪽 큰
창으로 바깥 풍경이 한눈에 들어왔다. 나는 그 방 책상 앞에 앉아 있는
것을 참 좋아했다.

창문 너머로 다양한 나라에서 모인 학생들이 기숙사를 오가는 모습이 보였다. 옆 건물에 사는 독일 남학생은 걸음이 빨라서 내가 보는 줄도 모르고 팔을 크게 휘두르며 걸었는데, 남의 일상을 몰래 지켜보는 재미가 쏠쏠했다. 멀리 프랑스 국경의 알프스와 레만 호수도 아주 작게나마 보였다. 마치 가까이 있는데도 닿지 못하는 미지의 세계 같았다.

그 책상에 앉아서 참 많은 상상의 나래를 펼쳤다. 이력서를 만들어 IOC 본사에서 인턴으로 일하기, 학교 내 자전거 수리 봉사활동에 지원하기, 스위스 알프스 등반 영상 편집하기 등 특별한 일을 상상하여 써 보곤 했다. 수많은 상상 중에서도 가장 이루고 싶었던 것은 '유럽 기차 일주'였다. 하지만 가진 돈은 100만 원도 안 되고, 학생 신분으로 돈을 벌 만한 일이 흔치 않았다. 혹시 방법이 없을까 하여 이런저런 생각을 하다가 한 매체에 르웬조리 등반기를 기고한 사실을 떠올렸다. 그곳에서는 여행기 가운데 몇 편을 뽑아 유레일패스를 상품으로 주었다.

'이거다! 그럼 후원을 받아 보자!'
내가 할 수 있는 일을 하나씩 기획하기 시작했다. 오현호식 '80일간의 유럽 일주' 플랜이었다. 스위스에서 출발하여 북쪽으로 노르웨이까지 갔다가 남쪽으로 그리스 산토리니, 동쪽으로 루마니아, 서쪽으로 포르투갈을 향하는 일주였다. 배낭여행객을 무료로 재워 주는 '카우치 서

핑(www.couchsurfing.com)' 웹사이트를 이용하여 20개국 50여 개 도시에 사는 이들에게 계획을 설명하고 잠자리 약속을 잡았다.

유럽에 온 이상 이 기회를 놓치고 싶지 않았다. 언제 다시 이런 곳에 올지 모르는 일 아닌가. 남은 겨울 방학 기간에 주구장창 여행하면 유럽 전역을 볼 수 있다는 생각이 나를 움직였다.

각국의 도시로 향하는 기차 시간과 이동 거리를 알아보고 각국의 친구들과 약속을 잡는 데 한 달 정도 걸렸다. 여행사 측에서도 흔쾌히 받아들여 80일간 여행할 수 있는 유레일패스를 후원해 주었다.

불가능을 가능케 하는 힘은 첫째는 정보력, 둘째는 간절함, 셋째는 사람이다. 우리가 불가능하다고 믿는 것들은 많은 이가 시도했지만 실패한 일이다. 실패한 이유가 있을 것이며 해결책은 존재한다. 어떻게든 방법을 찾겠다는 열의에 꼭 해내고야 말겠다는 간절함까지 더해진다면 무엇이든 가능하다.

그중 가장 중요한 것이 바로 '사람'이다. 인생에서 한번은 나를 아무이유 없이 도와주는 사람이 반드시 나타난다. 담당자 한 사람의 마음을 움직일 수 있다면 그것보다 빠르고 효율적인 방법은 없다. 모든 건 사람이 하는 일이기에 조금이라도 더 마음이 가는 사람의 말에 귀 기울일 수밖에 없다. 스쳐 지나가는 많은 사람들에게 최선을 다하고 인연의 힘을 무시하지 말아야 하는 이유다. 언제 어떤 인연으로 다시 만날지 모르는 일이며, 다른 기회로 이어질 수도 있다. 그 기회의 횟수는 간절함의 크기에 비례할 것이다.

우리 집이 부유했다면, 그래서 내가 가진 돈으로 여행할 수 있었다면 이토록 아름다운 여행은 경험할 수 없었을 것이다.

가진 게 없다는 것은 매사에 최선을 다하게 만드는 내 삶의 '에너지'였다.

핀란드의
겨울

크리스마스이브에 도착한 핀란드 로바니에미. 핀란드 북부에 위치한 작은 도시 로바니에미는 '산타마을'로 유명하다.

일정이 빠듯하고 거리도 만만치 않아서 로바니에미까지 잘 도착할 수 있을까 걱정했는데 운이 좋았다. 세 자리밖에 남지 않은 로바니에미 야간열차 티켓을 구했고, 출발 시간이 지나서 도착했는데도 열차가 연착하는 바람에 무사히 올라탈 수 있었다.

이곳의 친구 타쿠미는 라플란드대학에서 디자인을 공부하는 일본인 교환학생이었다. 연락할 때부터 느꼈지만 타쿠미의 약간 들뜬 듯한 목소리와 지극한 친절은 언제나 나를 기분 좋게 했다. 짐부터 내려놓으려고 타쿠미와 집으로 향하는 중에 길 건너 산자락에서 움직이는 검은색 형체를 발견했다. 순간, 내 눈을 의심했다.

"어! 타쿠미, 저거!"

"레인디어!"

야생 순록이었다. 그것도 두 마리.

가슴이 뛰기 시작했다. 놀라서 말도 안 나왔다. 순록을 향해 무작정 뛰어나가다 깊게 쌓인 눈에 발이 푹 빠지며 중심을 잃었다. 다음 순간 75리터짜리 배낭이 목으로 기울면서 그대로 넘어져 버렸다. 하지만 훌훌 털고 길을 건너 달려갔다. 순록들은 산에서 내려와 나무 열매를 먹는 중이었다.

놀라웠다. 곧게 뻗은 기다란 뿔도, 날씬하게 뻗은 몸매도, 가지런한

잿빛 털도 아름다웠다. 사람이 가까이 다가가도 놀라거나 도망가지 않
는 모습 자체가 감동이었다. 자연스레 이곳 사람들이 동물을 어떻게 대
하는지 눈에 그려졌다.

"아, 이게 순록이구나."

로바니에미에 도착하자마자 순록을 만나다니 심장이 뛸 정도로 감
격스러웠다.

"타쿠미, 나 지금 기뻐 미칠 것 같아, 진짜!"

"하하, 운이 좋았어. 나도 많이 못 봤는데 도착 첫날 순록을 이렇게
가까이에서 보다니!"

_____ **산타마을에서 보낸 크리스마스**

타쿠미네 집에서 크리스마스 파티를 준비했다. 세계 각국의 친구들이
모이는 자리라 나는 한국 요리를 자청했다. "불고기!"를 외쳐 대는 타쿠
미를 위해 나는 불고기를, 타쿠미는 스시를 만들었다. 이탈리아에서 온
파블리치오는 파스타를 잔뜩 해 왔고 리투아니아에서 온 시모나는 리
투아니아 술과 핀란드 술을, 폴란드에서 온 카롤리나와 마이클 커플은
핀란드 전통 차인 글로기와 보드카를, 체코에서 온 타쿠미의 룸메이트
파벨은 각종 과자와 음료를, 독일에서 온 안드레아 커플은 바바리아식

빵을 구워 왔다.

해외에서 우연히 만난 이들과 맞는 크리스마스이브였다. 로바니에미행 야간열차를 탔을 때만 해도 타쿠미와 이렇게 만날 줄은 생각도 못했다. 이런 파티도, 이런 친구들도 상상조차 못 했다. 나의 생각과 계획을 모두 바꿔 주는 이런 기회야말로 여행이 주는 선물이 아닐까. 예기치 못한 일이 내 삶을 급습하는 그 찰나의 순간이 좋았다. 집에만 있었다면 불가능한 일이었다.

크리스마스가 10분 전으로 다가오자 설렘을 참을 수 없어 밖에 나가 눈싸움을 하자고 제안했다. 모두 괴성을 지르며 달려 나갔다. 타쿠미가 직접 만든 이글루에서 놀다가 언덕을 오르는 등 한참 뛰어놀고 들어오니 파블리치오가 남은 파스타로 밤참을 만들고 있었다. 파스타, 오일, 베이컨 세 가지만으로 10분 만에 뚝딱 차려 냈지만 최고급 레스토랑보다 훌륭한 맛이었다.

크리스마스 당일은 버스를 타고 산타마을에 다녀왔다. 전 세계에서 산타에게 보낸 수천 통의 크리스마스 카드를 보며 마지막 날 밤을 지새웠다.

새벽녘이 되어서야 자리에 누웠는데 잠결에 사람 말소리가 들렸다. '요 며칠 내가 가장 먼저 일어났는데 누구지?' 나가 보니 다이키와 파벨, 타쿠미가 아침상을 준비하고 있었다. 새벽까지 노느라 피곤할 텐데 이런 깜짝 이벤트를 준비하다니, 이 친구들 평생 못 잊을 것 같다.

다이키는 일본 전통 아침상이라면서 샐러드와 달걀말이, 연어구이를 준비했다. 파벨은 체코 음식을 내놓았는데 '한국과 일본의 영향을 받은 체코 밥'이라고 이름 붙였다.

잠도 못 자고 준비했을 걸 생각하니 먹는 내내 눈물이 날 지경이었다. 아무 이유 없이 낯선 방문객인 나에게 깊은 친절을 보여 주다니 그 마음이 정말 예뻤다. 아시아인이나 유럽인이나 마음을 움직이는 힘은 같은 데서 나온다는 생각이 들었다.

우리는 2008년 크리스마스를 평생 잊지 못할 추억으로 만들었다. 그 시간들이 참 소중하게 느껴졌다. 앞으로 단 한 번도 못 만날 수 있는 인연이지만 그런 것 따위는 상관없었다.

눈동자와 피부색은 달라도 마음이 움직이는 소리는 다르지 않다. 우리는 하루하루 시간이 지날 때마다 서로에게 무언가를 주려 했다. 그렇게 주고받은 선물만 대여섯 가지는 되었다. 비록 그게 작은 율무차 봉지든, 우리가 함께 쳤던 낡은 탁구공에 적힌 메시지든 그 속에 담긴 마음이 세상에서 가장 고귀한 보물이었다.

남에게 무언가를 주려고 할 때 그것의 가격이나 겉모습부터 생각한다면 그 진심을 100퍼센트 담기 힘들다. 아무것도 바라지 않는 투명한 진심, 선물의 가치는 거기서 결정된다는 것을 깨달았다.

———— 여행은 계속된다

로바니에미에서 북극권을 지나 스웨덴을 거쳐서 노르웨이 나르빅으로 향했다. 파벨이 기차역까지 차로 데려다 준다기에 기차 시각 30분 전에 출발 준비를 했다. 그런데 시동이 걸리지 않았다. 예감이 안 좋았다. 분명히 방금 전 확인했을 땐 시동이 걸렸는데…. 눈으로 뒤덮인 곳이라 시동이 잘 걸리지 않는 건 당연한 일일지도 모른다. 걸어가면 너무 오래 걸리는데 과연 기차를 탈 수 있을까.

어떻게 해야 할까. 첫 번째 기차를 놓친다면 네 시간 후에 출발하는 두 번째 기차를 타야 한다. 그렇게 되면 당연히 케미에서 스웨덴으로 넘어갈 때도 다음 버스를 타야 하는 상황이었다.

결국 두 번째 기차인 오후 2시 기차를 타고 케미로 향했다. 케미에 도착해서 다시 오후 5시 버스를 타고 스웨덴의 하파란다로 넘어갈 예정이었다.

또다시 혼자였다. 게다가 휴일이라 사람도 차도 없고 일정은 밀린 상태였다. 그동안 여행이 너무 잘 풀린다 싶었다. 항상 운이 따르고 만나는 사람마다 사랑이 넘쳐서 행복하기만 했던 내 여행에 어둠이 엄습해 오는 듯했다.

아니나 다를까, 5시에 온다는 버스는 6시가 되어서도 오지 않았다.

휴일이라 운행을 안 하는 모양이었다. 주위 사람들에게 물어도 모른다는 대답뿐이고 버스 회사는 쉬는 날이라 문을 닫았다. 정말 해도 너무한다 싶었다.

다행히 함께 기다리는 호주인 커플과 이야기하느라 지루함을 덜긴 했지만 해가 지면서 추위가 몰려왔다. 물어물어 새벽 1시와 오전 9시에 버스가 있단 정보를 얻었다. 호주인 커플은 오전 버스를 탄다고 했다. 나는 한시라도 빨리 노르웨이 나르빅에 가고 싶어서 새벽 1시 버스를 타기로 하고 근처 햄버거 가게에 들어가 몸을 녹였다.

눈물의 햄버거 세트였다. 춥고 배고프고 버스는 안 오고 주위는 온통 눈으로 뒤덮인 낯선 곳. 난 철저히 혼자였다. 가끔씩 지나가는 사람도 나를 신경 쓰지 않는 차가운 곳에 홀로 앉아 있으려니 타쿠미의 집이 그리워졌다. 핀란드의 따뜻한 기억이 어느새 춥고 배고프고 무서운 기억으로 오버랩되고 있었다.

햄버거 가게에 앉아 있다가 버스정류장으로 갔다. 이렇게 캄캄한 시간에 버스를 타러 나오기는 처음이었다. 북유럽은 북유럽인 듯 새벽은 낮과 비교할 수 없을 만큼 매섭게 추웠다. 손발이 얼 듯한 추위를 참으며 새벽 2시까지 기다렸건만 버스는 끝내 오지 않았다. 벌써 두 번째다. 도대체 내가 무얼 잘못했기에 이런 시련을 겪는지. 이젠 잘 곳도 없고 추위 죽을 지경이었다. 햄버거 가게로 돌아가 졸면서 글을 쓰다가 9시 버

스를 탔다.

케미의 시린 밤과 바람맞힌 핀란드 버스. 그 기억을 어찌 잊으랴.

_____ **2008년 12월 27일 여행 10일째**

케미-하파란다-루레아-키루나

케미에서 하파란다까지는 차로 20~30분이면 닿는 거리다. 중간에 핀란드의 끝인 토니오에서 내릴 수도 있는데, 여기서 내려 스웨덴과의 국경을 두 발로 걸어 보는 것도 좋은 경험이다. 1킬로미터 거리니 걸을 만하다.

10시경 하파란다에 도착하여 버스 시간을 다시 확인했다. 역시나 오후 2시에나 온다. 오늘 목적지는 노르웨이 나르빅이다. 나르빅은 기차로 갈 수 있는 최북단에 위치한 도시이며 피오르드와 오로라를 볼 수 있는 곳이기도 하다. 워낙 멀어서 기차 편이 하루에 세 대뿐이다. 그걸 타려면 루레아까지 2시에는 도착해야 하기에 히치하이킹을 시도했다. 이 추운 날씨에 스웨덴 국경에서 히치하이킹이라. 생각보다 쉽지 않았다. 크리스마스 휴일에 이곳을 지나는 차는 극히 드물었다.

다시 하파란다 역으로 돌아와서 햄버거 가게에 들어가니 커피가 무료다. 인터넷까지 된다. 스웨덴은 천국이다!

　하파란다에서 루레아로 가는 버스는 이층버스다. 이 버스는 이층 맨 앞자리에 앉아야 제맛이다. 큰 창으로 스웨덴 소도시의 매력을 만끽할 수 있다. 숲을 지나고, 백설공주가 살 것만 같은 작은 마을을 지나치니 이번엔 광활한 들판이 나온다. 좋아하는 음악을 들으며 창밖을 바라보노라면 어느새 두 시간이 훌쩍 지나간다.

　그러나 루레아에 도착하니 나르빅으로 가는 열차는 이미 떠나고 없었다. 어제 파벨의 차가 고장 나서 첫 기차를 놓친 뒤로 꼬인 일이 한두 개가 아니다. 여행하다 보면 변수가 생기는 게 당연하니 일단은 최대한 나르빅 가까이 가기로 결정하고 키루나행 열차에 탑승했다.

　키루나행 열차에 올라 자리에 앉으니 승무원이 샌드위치와 커피를 준비하기 시작했다. 그렇다. 그곳은 더 이상 핀란드가 아닌 스웨덴이었다. 스웨덴 철도 SJ는 유럽 최고의 서비스를 자랑한다. 게다가 난 여행사에서 1등석 티켓을 후원받았으니 식사가 제공된다. 아! 나의 허기진 배와 지친 마음을 달래 주다니, 열차로 위장한 천국이 분명했다.

　승무원에게 나르빅에 관한 정보를 물어보면서 많은 얘기를 나눴다. 승무원은 휴대용 인터넷 공유기를 연결해 나르빅 버스 정보를 상세하게 알려 주면서 자신의 키루나 여행 사진과 키루나 여행기를 들려주었다. 내 여행에 관심을 보이는 것 같아 내 사진과 동영상을 보여 주는 동안 네 시간이 훌쩍 지나 키루나 역에 도착했다. 이 친절한 승무원은 남은 샌드위치 네 개를 가방에 넣어 주면서 기차가 북극권(Arctic Circle)을 지났다며 북극권 인증서도 선물로 챙겨 주었다.

여행을 하다 보면 예상치 못한 천사들을 만난다. 여행자 입장에서는 천사가 분명하다. 이런 상황이 좋아서 여행을 한다. 여행은 사람의 선한 모습을 끌어낸다. 선한 모습이 반복되면 그 모습이 진짜 내가 된다.

키루나 역에 도착했다. 어둡고 쌀쌀하고 조용하다. 난 어디로 가야 할까. 돈이 없으니 역시나 노숙할 만한 곳을 찾았다. 나의 간절한 노숙 정신에도 불구하고 북유럽은 집이든 빌딩이든 잠금 장치가 확실했다. 북유럽의 보안에 두 손을 들고 호스텔로 향했다.

여행 책을 뒤져 힘들게 호스텔을 찾았지만 엎친 데 덮친 격으로 직원들이 모두 퇴근한 뒤였다. 호텔은 너무 비싸고, 다른 호스텔을 찾아가기엔 추위에 녹초가 된 몸을 움직일 자신이 없었다. 고민 끝에 호스텔의 다른 층으로 올라가 보았다. 거실 겸 주방이 보였다. 소파에 짐을 풀고 몸을 부렸다. 무선 인터넷도 되는구나. 그렇담 여기도 천국이군!

그렇게 키루나의 밤이 지나갔다. 호스텔에 묵는 여행객들이 주방에 들어오긴 했지만 내가 자연스럽게 인터넷하는 걸 보곤 방해해서 미안하다는 듯 금세 사라져 줬다. 내가 주인인 것처럼 말이다.

집을 나오면 새로운 장소, 새로운 사람들로 영감이 충전된다. 하지만 그렇게 시간이 흐르다 보면 여행의 순간순간마저 일상이 되는 순간이 온다. 집에 돌아갈 때가 된 것이다. **일상과 여행을 반복하며 기존의 나를 방전하고 새로운 나를 충전해 나가는 것이야말로 꿈처럼 그리는 삶이리라.**

스쿠버다이빙 강사가 되고부터 삶이 빠르게 변했다. 원하는 것을 얻는 방법을 몸으로 깨우쳐 나갔고, 그것을 바탕으로 다양한 분야에 도전했다. 원하는 회사에 취직하는 일 역시 오래 걸리지 않았다.

글로벌 기업에서 세계를 상대로 마케팅을 해 보고 싶었다. 마침 삼성전자 중동 총괄에서 북아프리카를 담당할 TV 마케팅 코디네이터를 찾고 있었다. 승부의 세계에서 승리하는 방법은 나의 장점과 단점을 찾아 승부에 필요한 부분을 끌어올리는 것이다. 나는 프랑스어에 능통하다는 장점을 살려서 그 기회를 쟁취할 수 있었다.

_____ **삼성전자에 입사하다**

"자, 여러분께 좋은 소식을 공지하겠습니다. 오늘부터 TV RPM에 새 식구가 생겼습니다. 한국어, 영어, 프랑스어로 인사할 것입니다. 큰 박수로 맞이해 주시기 바랍니다!"

이렇게 좋은 시작이 있을까 싶었다. 면접에 참여한 중동 마케팅, 브랜드 마케팅, 인사 담당자 모두 중동 총괄 가지 말고 함께 일하자고 권할 정도였다. 부장님이 1년에 한 번 있는 PM 미팅에서 중동 법인 담당자들에게 나를 소개했다.

부장님의 소개에 맞춰 나는 3개국 언어로 인사했다. 강렬한 첫 인사였다. 주위에서 웅성대기 시작했다. 멀쩡하게 생긴 한국 청년이 영어와 프랑스어를 하는 모습이 조금 새로웠나 보다. 처음부터 많은 관심을 받으며 일을 시작했다.

기회는 끊임없이 이어졌다. 입사하고 몇 개월이 지나지 않아 북아프리카 4개국을 다녀올 기회가 있었다. 부장님은 아무것도 몰라도 좋으니까 시장을 직접 눈으로 보고, 그곳 담당자들과 인사를 나누라고 했다. 신입 사원에게는 과분한 기회였다.

그 후 큰 프로젝트를 맡았다. 중동 지역에 론칭할 3D TV의 모든 커뮤니케이션 툴을 직접 제작, 배포, 홍보하는 일이었다. 제품 촬영, 광고, 인스토어 디스플레이, 홍보, 스폰서십, 현지 문화, 시장 특성에 대한 이해가 부족한 상황에서 할 일은 파도처럼 밀려왔다. 순식간이었다. 처음부터 엄청난 규모의 일을 맡다 보니 배우는 것이 상당히 많았다. 몸으로 부딪치는 것을 좋아했기에 그 바쁜 상황을 조금은 즐겼는지도 모른다. 그것이 독이 되어 결국은 내 등에 꽂히리라는 걸 예상하지 못한 채 말이다.

당시 나는 중동 지역의 어느 TV 채널이 우리의 타깃인지도 모른 채 광고사에서 추천하는 대로 넙죽넙죽 받아들였다. 또 POP(point of purchase) 물품을 만들어 배송하면 끝인 줄 알았는데, 배송 사고로 파손되어 실제 론칭 시기에 몇 달 동안 만든 POP 물품을 효과적으로 투입하지 못한 적도 있었다.

두바이에서 이스라엘로 조금이라도 저렴하게 물품을 보내기 위해 육로 이동을 하다 보니 요르단을 거쳐 이스라엘로 들어가는 등 많은 방법을 강구했지만 예상치 못한 문제가 너무나 많았다. 사우디아라비아의 고온다습한 날씨 탓에 우리가 배송한 물품의 끈끈이가 녹아서 심하게 파손된 경우도 있었다.

4월 초에는 반드시 제품을 론칭해야 하는데, 그러한 문제들로 인하여 각 지역마다 2~3주씩 론칭 시기가 지연되었다. TV와 신문, 잡지 등에서는 화려하게 3D TV를 광고하는데 제품을 사러 가면 제품이 없는 상황인 것이다. 돈을 엉뚱한 곳에 쏟아붓는 격이었다.

계속되는 POP 물품 제작과 배송 지연 문제에 너무 안일하게 대처

한 것이 가장 큰 문제였다. 제작사, 광고사와 직접 발로 뛰며 문제점을 찾고 해결책을 모색해야 하는데 담당자인 나는 광고사를 탓하고, 광고사는 제조사를 탓하고, 제조사는 배송사를 탓하는 '남 탓이오' 릴레이가 끊이지 않았다.

"오현호, 너 광고 회사에서 돈 받았냐?"

끝내 부장님이 언성을 높였다. 채용되었을 때 한국, 두바이에서 특별 교육까지 요청할 정도로 많은 신경을 써 주었고, 입사하자마자 북아프리카 출장을 보내 줄 만큼 특혜를 준 분께 엄청난 실망을 안겨 드린 셈이다.

엎친 데 덮친 격으로 TV사업부 매출 성장이 조금씩 더뎌지기 시작하자 여섯 명이 일하던 부서가 두 명으로 줄었고, 나는 생활가전사업부 RPM으로 자리를 옮겼다. 큰 비즈니스를 하다가 작은 비즈니스를 하면 상대적으로 위축된다. 나는 이 회사에서 필요 없는 존재인가 하는 질문을 끊임없이 던지게 된다.

_____ 오기가 기회를 만든다

한편으로 오기가 생겼다. 회사에서 오를 수 있는 최고의 자리에 앉겠다고 호언장담한 때도 있었고, 무슨 일이든 호기롭게 헤쳐 나갈 때도 있었다. 그런 초심은 어디 가고 한껏 나약해진 이 상황이 더없이 참기 힘들었다.

간절하면 기회가 생기는 것일까. 마침 생활가전사업부에서는 신제품 론칭을 위한 커뮤니케이션을 준비하고 있었다. TV사업부에서 많은 일을 경험한 내 역량을 최대치로 발휘할 기회가 온 것이다. 나는 부족한 점을 메우기 위하여 누구보다 열심히 일했다. 부족하다 싶을 땐 남들보다 오래 앉아 있었다. 한마디로 무식하고 끈질기게 도전했다.

마침내 팔레스타인 최초 출장자가 되기도 하면서 성공리에 신제품 론칭을 주도하고, 레바논 기자 회견을 이끌었다. 파키스탄, 이스라엘, 두바이 신제품 교육을 직접 진행하기도 했다. 온라인 캠페인으로 성공 사례도 만들었다. 한없이 떨어진 자존감을 끌어올린 비결은 바로 오기였다. 여기서 포기할 수 없다는 오기, 나를 괴롭힌 이들에게 성공한 모습을 보여 주겠다는 오기. 그리고 마침내 조금씩 실력을 인정받을 수 있었다.

미국 메이저리그에서 너클볼로 엄청난 활약을 보여 준 R. A. 디키와 팀 웨이크필드의 사례를 봐도 알 수 있다. 팀 웨이크필드는 타자로 시작했지만 주목받지 못하자 투수를 해 보라는 권유를 받았고, 디키는 이 팀 저 팀 옮겨 가느라 아내와 아이들을 데리고 이사 다니며 마이너 생활을

전전했다. 둘 다 부족해 보일 만큼 평범했지만, '너클볼'이라는 자신만의
재능을 오랜 시간 갈고닦으며 땀 흘리다 보니 타자가 두려워하는 공을
던질 수 있게 된 것이다.

비범함은 평범함 속에서 태어난다. 노력과 인내를 겸비한 비범함은
절대 무너지지 않는다.

사하라 사막이
가르쳐 준 것들

입사하고 1년이 지났을까, 하루하루 쫓기듯 살아가는 일상이 힘이 부치기도 했다. 주말에 집에 있어도 마치지 못한 일들이 나를 짓누르고, 퇴근해서도 머리가 지끈지끈 아팠다. 지갑은 두꺼워지고 있었지만 머리는 언제 사용해 보았는지, 생각이라는 것 자체를 해 본 게 언제였는지 가물가물했다. 언제부터인가 삶을 위해 일하는 것이 아니라 일을 위해 살고 있었다.

중동 지역 사업 전략 자료를 만드느라 그날도 새벽까지 일하고 돌아가는 길이었다. 갑자기 이런 생각이 들었다.

'사업 전략? 그럼 내 인생 전략은?'

망치로 머리를 크게 얻어맞은 느낌이었다.

왜 그동안 내 인생 전략은 단 한 번도 생각해 보지 않았을까?

제품 전략을 짜느라 하루 종일 머리를 꽁꽁 싸매고 고민하면서 왜 나 자신이 어떻게 살아야 한다는 생각은 해 본 적이 없을까?

순간 너무 부끄러웠다.

내가 가진 장점이 뭐고 남들보다 못하는 것은 뭐지? 내가 잘할 수 있는 일은? 내가 어려워하는 일은? 5년 후 나의 모습은? 10년 후는?

그때부터 나는 다른 누구도 아닌 '나'의 인생 전략을 만들기 시작했다. 지금 내가 하는 일이 5년 후, 10년 후의 멋진 나를 이끌 수 있는지 냉정하게 분석하고 판단해 보았다. 그것이 정말 내가 집중할 수 있는 길인지, 상상만으로도 가슴이 뛰는지, 내 인생을 걸어 볼 만한 가치가 있는 자리인지.

내가 무엇을 좋아하는지부터 다시 생각해 봤다. 내가 좋아하는 것, 싫어하는 것, 잘하는 것, 잘 못하는 것, 내가 할 수 있는 것 등을 A4 용지에 무작위로 적기 시작했다. 그렇게 정리하다 보니 교집합 한가운데에 있는 것이 '중력을 거스르는 일', 바로 '파일럿'이었다.

누구보다 잘할 자신이 있었다. 근거는 딱히 없었다. 다만 하고 싶을 뿐이었다. 나 자신을 고층 빌딩이 아닌 찬바람 도는 야생으로 돌려놓아야겠다는 결심이 섰다.

———— 신발에 들어온 모래는 털어 내면 그뿐

어렸을 때 TV에서 사하라 사막 마라톤을 완주하고 피니시 라인을 통과 하자마자 앰뷸런스에 실려 가는 마라토너를 본 적이 있었다. 신발은 다 찢어지고 양발은 퉁퉁 부어오른 데다 발바닥은 온통 물집범벅이 되어 새빨간 피를 흘리면서도 표정은 참 행복해 보였다.

그때부터 사하라는 내 꿈이 되었다. 250킬로미터, 6일간의 레이스. 당장 휴가를 내고 이집트행 항공권을 구했다. 마라톤 완주는 한 번도 해 보지 않았지만 무작정 내 몸뚱이를 사막에 던지고 싶었다. 그렇게 하지 않으면 꿈도 없이 살아가는 돈 버는 기계가 될 것만 같았다.

얼마나 허술하게 준비했는지 참가자 200여 명 가운데 신발에 모래 가 들어가는 걸 막는 장비인 게이터(스패츠의 일종)가 없는 참가자는 나 혼자뿐이었다. 많은 사람들이 황당해했지만 크게 신경 쓰지 않았다. 모 래야 털어 내면 되는 거니까. 중요한 것은 내가 사하라 사막을 건너기 위 해 이집트 땅에 왔다는 사실이었다.

무모하게 시작한 사하라 레이스. 훈련도 안 하고 참가한 탓에 첫날부 터 근육에 무리가 가서 부상을 입고 말았다. 꼴찌 그룹으로 돌아오니 많 은 사람들이 당황하며 괜찮으냐고 물었지만 자존심은 구겨질 대로 구

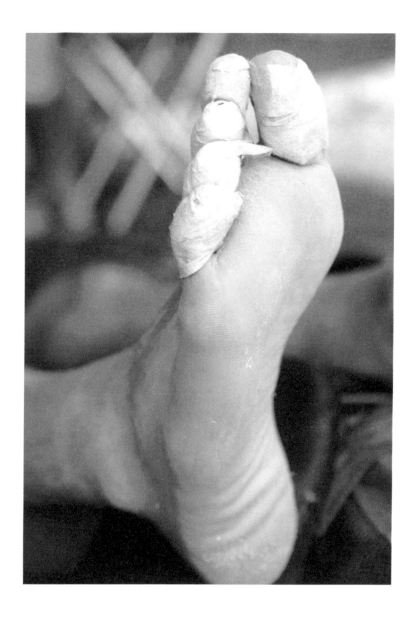

겨진 상태였다. 죽고 싶었다. 부끄러움은 둘째치고 앞으로 남은 210킬로미터를 어떻게 달려야 할지 생각하고 싶지도 않았다. 몸이 아프니 방법이 없었다. 그냥 이 악물고 달리는 수밖에. 달리지 못하면 미친 듯이 걷는 수밖에.

신기한 사실은 날이 갈수록 순위가 올라갔다는 점이다. 다친 근육이 회복된 게 아니라 몸이 통증에 적응되어 언제부턴가 고통을 느끼지 못한 것이다. 사람은 참 신기하다. 순위가 조금씩 올라가니 자연스레 긍정의 마인드가 되살아나며 기적처럼 초능력을 발휘하기도 했다. 누군가 사하라 사막 250킬로미터를 어떻게 달렸느냐고 묻는다면 한마디로 대답할 것 같다.

"딱히 잘할 수 있는 방법이 없어서 그냥 무식하게 뛰고 걷다 보니 피니시 라인에 닿았어요."

특별한 요령이 있는 것도 아니고 단단히 준비한 것도 아니었다. 그냥 무식하게 달려드니까 안 될 일도 되더라는 식이다. 어쩌면 이 세상 모든 일이 그럴지도 모르겠다. 머리를 쥐어짜고 방법을 모색해 봤자 해답을 찾지 못하는 일이 무수히 많다. 그럴 때는 가장 무식하게 부딪쳐 보라. "Just do it." 이건 그냥 나온 말이 아니다.

사하라 사막 마라톤 다섯째 날은 24시간 동안 92킬로미터를 완주해야 했다. 나흘간 100킬로미터 이상을 달리며 무거워질 대로 무거워진 몸뚱이를 이끌고 92킬로미터를 달리는 것은 그야말로 자신과의 싸움이었다. 정신과 육체 중 어느 쪽이 더 약한지 가려내는 기회이기도 했다.

사실 몸이 힘든 와중에도 이상하게 하루가 지날수록 설레는 마음이 컸다. 마지막 날 사하라의 별을 보며 달릴 수 있을 거라는 막연한 기대감이 있었기 때문이다.

겨우 별을 보려고 먼 이집트까지 가서 그 비용을 치르고 그 고생을 하는가 싶겠지만 내게는 오랜 로망이었다. 사하라 사막의 쏟아지는 별빛을 받으며 달려 보는 것.

허나 사하라의 별밤은 너무 추웠다. 졸리고, 배고프고, 다리 아프고, 지루하고, 힘들었다. 로망? 글쎄, 낭만적이라고 말하긴 힘들었다.

그럼에도 불구하고 그날 밤은 잊히지 않는다. 모래 바닥에 누워서 별을 바라본 것도, 잠을 이겨 보겠다고 찬물에 커피를 섞어 마시며 꾸벅꾸벅 졸면서 나아간 것도, 저 멀리 지평선에서 떠오른 힘찬 햇살도 기억에서 사라지지 않는다.

생각해 보면 미친 짓을 많이 할수록 행복한 일이 많아진다. 살면서 미쳤냐는 소리를 한 번도 들어 보지 않았다면 아무 일도 일어나지 않는

심심한 일상을 반복한 건 아닌지 돌아봐야 하지 않을까.

이호재 감독의 《잉여들의 히치하이킹》은 한국예술종합학교 학생 네 명의 세계 도전기를 담은 다큐멘터리 영화다. 카메라도, 시나리오도, 촬영 장비도 제대로 준비되지 않았지만 그들은 날것 이상을 보여 주었고, 그 날것의 생생함이 관객에게 전해져 성공리에 개봉했다.

영화에서 누군가가 말한다.

"이렇게 만들어서 개봉이나 할 수 있을 것 같아? 안 돼!"

그들은 스스로도 불확실한 도전에 성공이라는 꼬리표를 만들었다. 성공은 특별한 것이 아니다. 누군가 건네주는 것도 아니다. 포기하지 않고 그 끝을 향해 달리다 보면 어느새 눈앞으로 다가온 아주 사소한 것에 불과하다.

고생은 순간이지만 추억은 영원하고, 그 후에 남는 성장은 우리가 얻은 훈장이다. 이는 단순한 공식이지만 우리는 눈앞의 귀찮음, 땀 흘리는 수고, 시간 낭비를 핑계 대며 고생을 피해 버린다. 나이가 들수록 더 심해진다. 나 역시 나이를 먹을수록 눈높이만 올라가고 자존심만 세우는 것은 아닌지, 지혜가 느는 게 아니라 용기와 실행력이 줄어드는 것은 아닌지 다시 한 번 생각해 본다.

_____ **사직서를 쓰다**

하고 싶은 일이 생기면 지금 그 일을 하는 사람을 직접 만나야 한다. 가장 빠르고 정확한 피드백을 받을 수 있기 때문이다. 그는 무슨 책을 읽어야 할지, 어디에 가 봐야 할지, 뭘 해야 할지 이미 고민한 사람이다. 혼자서 시간을 낭비하지 않는 첫 번째 방법이다.

당시 두바이에 주재하는 현직 에미레이트항공 기장님을 수소문 끝에 만날 수 있었다. 생각보다 젊은 데다 한눈에 상당한 에너지가 느껴졌다. 뜨거운 도전 정신이 온몸에 가득 찬 듯 보였고, 적당한 자신감과 겸손함도 배어 있었다.

"현호 군은 여러 가지 자질이 보여요. 영어, 신체 조건, 마음가짐 등을 볼 때 잘할 거란 확신이 듭니다. 한번 해 보세요! 저도 회사 그만두고 파일럿 시험 합격한 거예요."

"정말… 그렇게 생각하세요?"

지금도 잊지 못하는 말이다. 단순히 한번 해 보라는 조언이었을지도 모르지만 내게는 "넌 파일럿이 돼야만 해."라고 들렸다. 누군가의 한마디가 인생을 바꾸기도 한다. 그것은 강연이 될 수도 있고, 나에게 모욕을 준 순간이 될 수도 있다. 그만큼 다양한 사람과 만나면 인생을 크게 변화시키는 힘을 얻을 수 있는 것이다.

그분을 만나지 않았다면, 혹은 다른 분을 만나서 지금 나이에 도전하는 것은 너무 위험하니 회사에서 열심히 일해 더 나은 길을 가라는 조언을 받았다면, 비행도 못 해 보고 생을 마감했을지도 모른다. 사람만큼 훌륭한 인생의 나침반은 없다.

안녕하십니까!
짧지만 강렬했던 지난 기억들을 가슴에 묻고 정든 회사를 떠나게 되었습니다.

그동안 감당하지 못할 관심과 친절을 베풀어 주신 모든 분께 진심으로 감사드립니다.

시간이 흐르고 돌아보니 남은 건 역시 '사람'이라는 것을 새삼 느낍니다. 기회가 된다면 한국에서 꼭 보답해 드리고 싶습니다.

남자는 후회하지 않을 삶의 대망을 품고 살아야 한다고 생각합니다.

많은 분의 응원을 부탁드리며, 훗날 더 깊은 이야기를 나눌 수 있는 자리가 있기를 기대합니다.

한국에서 더 성장한 모습으로 다시 찾아뵙겠습니다!

감사합니다.

오현호 드림

사직서를 가장 멋지게 쓰는 방법은 내 선택에 대해 처음부터 끝까지 자신감을 잃지 않는 것이다. 누군가 내 사직서를 보고 가슴 설레며 꿈을 꾸었다면 그것을 현실로 만드는 것도 행동으로 보여 줘야 하지 않을까.

가진 것을 내려놓는 일은 쉽지 않다. 몇 년간 닦아 온 길을 두고 앞이 보이지 않는 길로 발을 내디뎌야 한다. 당연히 두렵다. 경험한 적이 없으니 걱정이 되는 게 당연하다.

그러나 기로에 서게 되는 순간은 반드시 온다. 정답은 없다. 세상일에 정답이 정해져 있다면 모든 이의 삶이 똑같아질 것이다. 어떠한 결정을 하든 결국 내 길을 걷게 되어 있다. 어떤 선택을 하느냐는 중요하지 않다. 이왕이면 순수하게 내 가슴이 끌리는 대로 선택해도 아무 상관 없다는 것이다. 책임감 없는 말처럼 들릴 수도 있지만 실패를 두려워하면 아무 일도 할 수 없다.

내가 만약 회사를 그만두지 않고 계속 일했다면 지금쯤 무얼 하고 있을까 생각해 본 적이 있다. 결혼을 하고 조금 더 많은 월급을 받으며 조금 더 많은 책임감을 가지고 일할 것이다. 하지만 어디까지나 예측일 뿐이다. 모든 일은 예상과 추측 속에 들어 있을 뿐이다.

파일럿이 안 되었다면 지금쯤 국내 최연소 스쿠버다이빙 시험감독관이 되었을지도 모른다. MBA 대학원생이 되었을지도 모르고, 숙대 앞 토스트 가게 주인이 되었을지도 모른다. 어떠한 길이 더 낫다고 함부로 판단할 수는 없다. 세상 모든 일은 자신의 노력과 절실함에 달려 있으니까.

아시아나 운항 인턴 탈락

사직서를 쓰고 회사를 나와 곧장 아시아나 운항 인턴에 도전했다. 합격을 하면 한국에서 교육받고 미국에서 비행 훈련을 마친 뒤 부기장으로 시작하는 프로그램이었다. 1년에 두 번 열댓 명씩 선발하는데 그중 절반은 비행 경험이 있는 운항학과 출신이고, 나머지 절반 정도는 나 같은 일반인이다. 비행을 꿈꾸는 사람으로서는 비용을 들이지 않고 단기간에 파일럿으로 입사할 수 있는 적합한 과정임에 틀림없다.

운항 인턴 과정에는 모두 일곱 가지 전형이 있는데 운 좋게도 모두 수월하게 통과하고 최종 면접을 보았다. 대표를 포함한 다섯 명의 임원이 있었는데 상당히 무거운 분위기였다.

그중 한 분이 질문했다.

"스쿠버다이빙 강사라면 다이빙은 자주 하십니까?"

"자주는 못 하고 1년에 한두 번 정도 하는 편입니다."

고고도를 비행하는 파일럿은 기압 차가 심하게 나는 스쿠버다이빙 같은 활동은 자제해야 한다. 그 부분을 염려해서 질문하셨는데, 앞뒤 설명 없이 단답형으로 대답했으니 점수를 따기는커녕 아마도 잃었을 것이다. 하지만 다른 질문은 깔끔하게 대답한 터라 나름 합격을 자신하고 있었다.

"최종 후보인 두 사람 중 한 명을 선발할 예정입니다. 채점자들끼리 다시 한 번 회의를 갖고자 합니다. 조금만 기다려 주십시오."

그리고 얼마 지나지 않아 연락이 왔다.

"현호 씨의 종합 성적 자체는 사실 다른 경쟁자에 비해 압도적입니다. 외국어, 기본 지식, 인성, 적성, 체력 등 모든 면에서 우월합니다. 하지만 저희는 다른 분을 선발할 예정입니다. 그분은 왠지 모르게 '힐링'되는 느낌이 있어서요."

'힐링과 비행이 무슨 연관이 있습니까?'라는 질문이 목구멍까지 올라왔지만 차마 내뱉지는 못했다.

벌떡 일어났다. 꿈이었다. 꿈치곤 너무 생생했다. 일어나서 계속 드는 생각은 '과연 힐링이 되는 사람이란 무엇일까?'였다. 불길했다. 하필 발표 하루 전날 이런 꿈이라니. 생각해 보니 나는 존재 자체로 힐링이 되는 사람은 아니다. 대화만 나눠도 편안해진다거나, 보고만 있어도 흐뭇해진다거나 하는 사람은 아니었다. 어쩌면 그런 사람이 실제로 함께 일하고 싶은 사람일지도 모른다는 생각이 들기 시작했다.

불길한 예감은 언제나 맞듯이 나는 최종 단계에서 탈락의 고배를 마셨다. 꿈이 현실로 이루어지긴 처음이었다. 파일럿이 되겠다고 자신한 만큼 주위 사람들에게 멋진 결과를 보여 주고 싶었는데 한없이 작아진 모습만 남고 말았다. 큰소리친 게 부끄러웠다.

엎친 데 덮친 격으로 하반기에는 갑작스런 사정 때문에 채용 자체가 취소되어 버렸다. 1년 가까이 다음 시험을 기다렸지만 허사였다.

사실 다 포기하고 싶었던 적이 한두 번이 아니다. 친구들은 결혼하고 내 집 마련을 하는데 난 준비생에 불과했다. 하지만 사하라 사막을 건너며 스스로 포기하지 않으면 해가 지기 전에 피니시 라인에 도달한다는 사실을 배웠다. 이대로 멈출 수는 없었다.

1년 후 나는 한국항공대 APP 조종훈련생 과정에 합격했다.

내 나이 서른 살, 다시 학생이 된 것이다.

Part 5

중력을
거스르다

미국으로 돌아왔다. 어느 날 피트니스클럽에서 운동하는데, 깁스한 할아버지가 목발을 짚고 들어오더니 자연스럽게 운동을 하기 시작했다. 훨씬 젊은 나는 딱히 할 일도 없으면서 이런저런 이유를 대 가며 조금 더 편하고 게으른 하루를 보내려고 하는 동안 할아버지는 몸이 불편한데도 편안한 하루를 거부하셨다.

　편안한 하루는 발전이 없다. 발전이 없는 하루가 이어진다면 삶은 절대로 변하지 않는다. 나의 하루가 힘들지 않다고 느낀다면 내일은 조금 더 불편하게 살아 보자. 시간은 누구에게나 평등하지만, 그 결과는 절대 평등하지 않다는 것을 잊지 말아야 한다. 예전의 나처럼 '평계'를 만들지 말고 할아버지처럼 '방법'을 찾아보겠다고 결심했다.

　4년 전 사하라 사막 마라톤 대회에 함께 참가한 형이 있는데, 사람들은 그를 '트라이애슬론하는 형'이라고 불렀다. 워낙 잘 달리기도 했지만 트라이애슬론을 한다고 하니 더 강해 보였다. 그날부터 꿈을 꾸기 시작했다. 마음속에서 들끓고 있던 철인 3종 경기 참가. 꿈은 영화처럼 큰 사건이 일어나야 만들어지는 것이 아니라 살면서 우연히 스치는 순간순간이 모여서 만들어지는 것이다.

시작은 트라이애슬론을 해 보자는 것이었는데, 뜻밖에 많은 것들이 나의 하루를 바꾸기 시작했다. 매일 아침 1킬로미터 수영하기와 야간에 8킬로미터 달리기에 이어 사이클 동호회에도 가입하여 끔찍하게 싫어하는 타이츠도 입기 시작했다. 한 가지 목표를 세우자 여러 가지가 시작되었다.

_____ **도전의 짜릿함**

욕심이 생겼다. 전문가들과 함께 제대로 경험해 보고 싶었다. 인터넷에서 사이클 동호회를 뒤져 한 곳을 찾았다. 그로부터 한 달 후 나는 '베로비치 트라이애슬론(Vero beach triathlon)'을 완주했다. 굳이 이름을 붙이자면 한국인 최초 완주자랄까.

집에 돌아와서 샤워하는데 바닥에 미역같이 생긴 해초와 흙, 모래가 잔뜩 떨어졌다. 바지에서 흘러나와 바닥에 떨어진 것이다. 바다에 해초 같은 부유물이 많았던 것 같은데 이제야 눈에 보였다.

바다 수영을 할 때 옆 선수들이 팔꿈치로 때리고 발로 차는 통에 호흡이 틀어졌다. 숨 좀 고르기 위해 배영을 하려고 뒤로 눕자 파도가 칠 때마다 눈, 코, 입, 귀로 바닷물이 무자비하게 들어왔다. 바닷물, 까짓 거 들어와 봤자 그냥 뱉으면 되는 것인데, 바닷물 먹는 게 뭐 그리 엄청난 일이라고 겁을 냈을까.

피니시 라인에 조금씩 다가가자 심장이 얼마나 뛰는지 터질 것만 같았다. '아드레날린이 폭발'하는 느낌이란 이런 것이구나 하고 몇 번을 되뇌었다. 완주 후에도 무려 세 시간이나 터질 듯한 심장 박동이 계속되었다. 사실은 더 달리고 싶었다. 쓰러질 때까지 달려 보고 싶었다. 체력이 남아 있다는 사실에 스스로 만족한 모양이었다.

완주하고 받은 메달보다는 바닷물이 코에 들어갈까 봐 걱정하고 겁먹었던 옹졸한 모습을 지울 수 있어서 좋았다. 밤마다 달리기 시작하니 공항에서 야간 산책을 하는 사람들과 웃으며 인사할 수 있어서 기뻤다. 이제 나는 몸에서 해초 나오는 형으로 기억될지도 모르겠다. 아무래도 좋다. 새로운 것에 도전함으로써 새로운 사람, 새로운 감정, 새로운 기운을 얻었다면 된 것이다. '아드레날린 폭발'을 경험하고 싶다면 트라이애슬론에 도전해 보자.

삶을 관조와 관찰로 대체하지 마라. 유감스럽게도 가장 조신하고 사려
깊은 중년들에게 나타나는 현상이다. 삶과 조금 떨어져서 삶을 관조하
는 침묵하는 옵저버가 되지 마라. 삶은 뜨거운 것이다. 살아 봐야 삶이
된다. 사랑은 쳐다만 보는 것이 아니다. 마주 보고 키스하고 안아 주고
뒹굴며 섹스하는 것이다. 삶을 사랑하라. 헉헉거리며 사랑하라.

_故 구본형의《나는 이렇게 될 것이다》중에서

_____ 서른 살, 다시 학교에 들어가다

하늘을 날고 싶다는 막연한 동경을 안고 퇴사한 뒤, 1년 반이라는 시간
을 기다렸다. 묵묵히 시험을 준비하고 무선통신사 같은 자격증을 취득
하기도 했다. 보이지 않는 길에 대한 두려움과 나의 긴긴 싸움이 시작
되었다.

기다림의 시간이 길어질수록 점점 초조해졌고, 조금씩 사람들에게
신뢰를 잃기 시작했다.

"너 진짜 파일럿 할 수 있는 거냐?"

누군가 장난 반 진담 반으로 물었다. 가족들마저 어렵지 않을까 걱정
하기 시작했다. 시도해 보지 않은 일이기에 나 역시 어느 정도의 불안감
은 늘 가지고 있었지만, 걱정한다고 해결될 일은 아무것도 없었다. 스스

로 할 수 있는 일을 찾고 조금씩 준비해서 다른 지원자들보다 조금 더 단단하게 기반을 다져 두는 것이 내가 할 수 있는 최선이었다.

나이 서른에 제복을 입고 학교에 다니기 시작했다. 수색에 자리한 항공대 비행교육원은 10여 대의 비행기와 활주로가 펼쳐진 멋진 곳이었다. 처음 보는 이들과 작은 강의실에서 온종일 강의를 들으며 3개월간의 이론 과정에 들어섰다. 원서 교재만 20권이 넘었다.

항공대 운항학과 졸업생, 미국 엠브리리들항공대 졸업생, 육군 항공 헬리콥터 파일럿 등 이미 비행을 해 본 이들도 있었다. 디자이너, 회계사, 엔지니어, 군인 등 다양한 경험을 가진 동기들과 함께 생활하는 모든 것이 새로웠다.

한국에서 이론 과정을 마치고 실제 비행 교육을 받기 위해 미국 플로리다 베로 비치(Vero beach)에 있는 플라이트 세이프티 인터내셔널(Flight Safety International)에 입학했다. 다시 3주간의 그라운드 스쿨(이론 수업)을 마치고, 일주일간 교관 배정을 기다리는 중에 한국에 다녀왔다. 남들보다 일주일 늦은 시작이었다.

마침내 첫 비행을 경험했다. 2015년 3월 19일, 비행기가 속도를 올리다가 시속 55노트가 될 무렵 몸을 일으키기 시작했다. 지면에서 멀어져 간다 느낄 때쯤, 옆에 있는 건물들이 어느 순간 내 밑에 있음을 알았다. 나는 날고 있었다.

보잘것없는 첫 이륙과 착륙이었지만, 지금 이 순간이 앞으로 두고두고 이야기할 순간이 되길 바라며 다음 단계를 기다렸다.

어떤 일이든 처음은 존재한다. 빌 게이츠는 신호등과 관련된 소프트 회사로 사업을 시작했고, 스티브 잡스는 무료 통화를 위한 플라스틱 호루라기 회사가 출발이었다. 둘 다 실패로 끝났다.

누구에게나 미약한 시작은 존재한다. 그것을 성공의 발판으로 만들 것인지, 혹은 시도도 못한 꿈으로 끝낼지는 종이 한 장 차이일 것이다.

아픈 만큼 더 성숙해지리라 믿으며 내게 주어진 일들을 열심히 하다 보면, 하루하루 더 가치 있게 살다 보면 그만큼 이겨 낼 수 있을 거라 생각한다.

날지 못하는 돼지는 그저 돼지일 뿐이다

비행을 하기 위해 찾아온 이곳은 지난 10년간 꿈만 꿔 온 곳이었다. 푸른 하늘 아래 수많은 비행기, 전 세계에서 모인 훈련생과 교관들, 머릿속에 넣어야 하는 두툼한 원서와 바쁜 하루는 예상한 대로였다. 하지만 훈련생이 너무 많아서 스케줄이 예상보다 못 나오는 바람에 일주일에 한 번꼴로 비행하다 보니 훈련 기간이 길어지는 등 여러 가지 스트레스 때문에 훈련생들이 소극적, 비관적으로 변해 갔다.

　동기들이 아이스크림을 먹으러 내 방에 놀러 왔을 때였다. 항공대 운항학과 출신에 비행 시간 60시간을 보유한 후배가 물었다.
　"형, 비행은 어때요?"
　"글쎄, 비행을 좀 해 봐야 알지 뭐."
　"조금만 타도 바로 감이 오는 '감돌이'가 있대요. 원일이 형이 형은 아닌 것 같다던데요?"

"괜찮아. 난 그런 말 신경 쓰지 않아."

이곳에서는 비행을 잘하고 못하고가 곧 자존심이다. 처음 했을 때 잘하는 사람은 아무래도 기고만장하기도 하고, 잘 못하는 사람은 위축되기도 한다.

아직 몇 번 비행하지 않았지만 내가 비행 천재는 아니라는 것을 인지했다. 실제로 빨리 배우는 타입도 아니고, 워낙 생소한 분야라서 초반에 많이 헷갈리기도 했다. 교관이 내 룸메이트이자 크루인 원일이를 칭찬하며 수업을 진행하곤 했기에 자연스레 난 열등생으로 시작한 셈이다. 난 뭐든지 잘할 줄 알았는데 못하는 것도 있다는 걸 다시 한 번 깨닫는 기회가 되기도 했다.

비행의 감을 빨리 잡지 못한 시간들은 더 공부하고 더 노력하는 기회가 되었다. 같은 조건이라면 더 준비하고 더 노력해서 짧은 비행 시간 안에 최대의 능력을 발휘해야 했다. 동기들과 매일 스터디를 하고 선배들과 친해져서 많은 정보를 얻으며 준비해 나갔다.

나 스스로 꼭 지키겠다고 약속한 것이 있다. 비행으로 자만하지 않고, 우쭐하지 않으며, 어설픈 경험으로 누군가를 가르치려 하지 말자는 것이다. 기껏해야 몇 달 먼저 시작했을 뿐인데 마치 자신의 경험이 정답인 듯 아는 척하는 내 모습을 보고 싶지 않았다. 무언가를 이루려고 할 때 1년이란 시간은 아무것도 아니다. 운전면허증 딴 지 1년 된 초보 운전자와 이제 막 대학에 입학한 새내기는 별반 다를 게 없다. 그만큼 조심스러운 단계라서 훈련생 딱지를 달고 있는 것이다. 사람은 뱉은 말에 책임질 줄 알아야 하며, 남들의 시선이나 가벼운 말에 쉽게 흔들리지 않는 신조와 뚝심이 있어야 한다.

비행이 아니면 이곳에 올 일은 없었을 것이다. 비행 시간 말고는 온전히 개인 시간이라 앞으로 2년 반 동안의 미국 생활을 어떻게 만들어 나아갈지 계획해야 했다.

2014년 5월 베로 비치 트라이애슬론 참가, FAA 사업용 조종사 자격 획득, 마라톤 대회 참가, 2015년 플라이트 세이프티 아카데미(Flight Safety Academy) 교관, 2016년에는 비행 1,000시간이 완성되겠지. 그다음은 그때 생각하고 싶다.

이곳은 비행을 배우는 곳이기도 하지만 자신을 돌아보는 절호의 기회이기도 하다. 이처럼 자유 시간과 좋은 환경이 동시에 갖춰진 때가 언제 있겠는가? 시간이 많으니 책도 더 많이 읽을 것이고, 기타도 더 많이 칠 수 있을 것이다. 적어도 1년 후 한국에 돌아갈 때 '비행'만 하다 집에 가는 것만큼은 피하고 싶다. 누군가가 게임, 드라마, 낮잠에 열중할 때 운동하고, 기타 치고, 글 쓰고, 영상 편집하고, 새로운 사람들을 만나며

달라진 모습으로 돌아갈 생각이다.

"날지 못하는 돼지는 그저 돼지일 뿐이다."

미야자키 하야오 감독의 애니메이션 만화《붉은 돼지》에 나오는 대사다. '날 줄 아는' 돼지가 되는 건 멋진 일이지만, '날 줄만 아는' 돼지가 되어서는 안 된다. 나는 어떤 신념으로 어떤 하루를 보낼 것인가?

누군가는 이곳을 할 게 하나도 없는 '제로 비치'라 얘기할 때, 나는 셀 수 없는 추억과 친구들이 있어 웃음 짓는 날이 오기를 바란다.

_____ **나라고 못 할 이유가 있나요**

비행을 시작하고 가장 인상 깊은 날은 일곱 번째 비행인 '레슨 8'을 시작한 날이었다. 레슨 8을 통과하려면 교관의 도움 없이 훈련생 스스로 두 차례의 랜딩을 무사히 끝내야 했다. 비행 경험이라곤 몇 시간밖에 안 되는 훈련생이 플로리다처럼 바람이 심한 곳에서 혼자 랜딩한다는 것은, 운전 배우러 간 첫날 좁은 골목길에서 후진 주차를 하는 것과 맞먹는 정도였다.

운수 좋은 날이란 이런 것일까? 레슨 8을 한 번에 통과하는 기적이 일어난 것이다. 여섯 차례 시도 중 한 번을 제외하고 모두 안전하게 랜딩할 수 있었다. 단번에 해내다니 나도 믿기지 않았고 교관도 상당히 놀랐다.

세 번째 랜딩을 마쳤을 때, 교관 카터가 말했다.

"몇 시간 타지도 않았는데 이런 랜딩 감각이 있다는 건 대단한 거야. 진짜 인상 깊다!"

사실 비행을 잘하고 싶은 열망이 컸고, 잘할 것 같다는 막연한 자신 감도 있었다. 하지만 실제로 해 보는 비행은 마치 모래알을 한 움큼 쥐고 손가락 사이로 단 한 톨의 모래도 안 떨어지게 움직여야 하는 것처럼 어려웠다.

'아, 내가 비행 천재는 아니구나. 더 열심히 해야지.' 생각하며 비행 녹음 파일을 다시 듣고, 비행 영상을 돌려 보고, 플라이트 시뮬레이터로 연습하고, 주기(駐機)된 비행기에 홀로 앉아 자가 훈련을 한 것이 좋은 결과를 안겨 주었다.

'왠지 나는 할 수 있을 것 같아!'

'Born to be pilot!'

내게는 막연한 자신감이 있었다. 이렇게 다짐하고 생활하다 보면 하루가, 작은 습관들이 조금씩 그 길을 따라가는 마법 같은 힘을 믿는다. 지금의 이 기운을 발판 삼아 더 겸손한 자세로, 더 간절한 마음가짐으로 비행하여 프리 솔로 스테이지 체크(pre solo stage check), 프라이빗 파일럿(private pilot), 인스트루먼트 레이팅(instrument rating), 커머셜 파일 럿(commercial pilot), 멀티 엔진(multi engine) 등을 모두 마치는 날이 오기를 바란다.

　나의 첫 시작은 더디고 남들보다 느리며 헷갈리기 일쑤였다. 함께 비행하는 동기와 늘 비교 대상이었고 상대적으로 칭찬받지 못했기에 움츠러들기도 쉬웠다. 복잡한 항공기 시스템은 문과 출신의 내가 100퍼센트 이해하기 어려웠고, 짧은 시간 안에 미세한 조종 감각을 익히기엔 경험이 턱없이 부족했다.

　그럼에도 불구하고 선배들에게 물어보고, 다른 훈련생들이 레슨할 때 뒷좌석에 앉아 관숙 비행을 하고, 교신 내용을 녹음했다가 집에 와서 받아쓰며 연습하다 보니 미세하지만 조금씩 나아지는 걸 느낄 수 있었다.

　초반에 가장 어려움을 겪는 기술은 바로 랜딩이다. 그래서 함께 배우는 크루와 서로의 랜딩을 휴대전화로 촬영했다가 비행을 마친 뒤 다시 한 번 돌려보며 잘못된 부분을 점검했다. 잘 모를 때는 영상을 들고 선배를 찾아갔다.

　"형, 제 랜딩 영상인데 좀 봐 주세요."

　"자, 여기서 스톱! 지금 계기판 보면 속도가 68노트잖아. 63노트를 끝까지 유지하지 못하니까 비행기가 네가 조준한 곳보다 훨씬 넘어가는 거야."

내가 겪는 어려움과 고민은 누군가도 똑같이 경험하고 고민한 일이다. 어려움에 맞닥뜨렸을 때 그 과정을 먼저 경험한 이들을 찾아가 함께 나누다 보면 아주 쉽게 해결책이 나오곤 한다.

며칠 후 '레슨 9'에 들어섰다. 그리고 첫 번째 랜딩을 시도했으나 돌풍(gust)이 심해서 복행*했을 때 교관이 물었다.

"바람이 너무 심해서 레슨이 힘들 수도 있는데, 어떻게 할까?"

바람이 심하면 우리 같은 초보 훈련생에게는 당연히 랜딩이 어렵고, 레슨을 통과하지 못하면 다음에 다시 해야 한다. 시간, 돈, 에너지 등을 낭비하는 셈이다. 그래서 돌풍이 불면 교관과 상의하여 레슨을 다음으로 미루기도 한다.

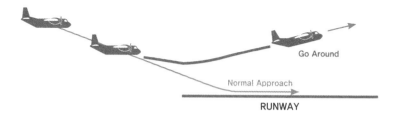

* **복행(Go Around)** 랜딩 진입 중인 항공기가 관제탑의 지시, 기상 불량, 진입 고도 불량 등의 이유로 랜딩을 단념하고 재차 상승하여 다시 랜딩하는 조작을 말한다. 랜딩을 눈앞에 둔 상황에서 기수를 들어 이륙한 뒤 공항 주변을 한 바퀴 돌고 와서 다시 랜딩하는 행위다.

하지만 나는 쉽게 포기하지 않고 되물었다.

"그래도 오늘 하고 싶어요! 가능하다면 랜딩도 교관님 도움 없이 제가 직접 다 해 볼 수 있을까요?"

바람이 강한 날도 직접 해 봐야 위험한 상황에 부딪혔을 때 대처하는 방법을 몸으로 깨달을 수 있을 것이다. 아울러 기상이 안 좋은 날 비행을 해 봐야 날씨 좋은 날 더 잘할 것이다. 어려운 일일수록 몸으로 부딪쳐 봐야 얼마나 어려운지 안다. 머리로 아는 것과 내가 얼마나 버틸 수 있는지 몸이 기억하는 것은 천지 차이다.

장애물이라고 피하고, 힘들고 어렵다고 꺼리는 것은 단지 편한 길일 뿐이지 진정으로 나를 위한 길이 아니다. 비행이든 다른 일이든 마찬가지라고 생각한다.

우리는 장애물과 정면으로 맞설 때 성장한다. 앞으로 내 인생에 날마다 모험이 가득하길 소망한다.

_____ 자신감 없는 비행은 의미가 없다

비행에는 심리 요인이 크게 작용한다. 실제로 첫 번째 시험인 프리 솔로 스테이지 체크 후기를 읽어 보면 '나는 할 수 있다'는 자신감을 가지라는 선배들의 조언이 많다. 얼마 전 베로 비치 트라이애슬론 대회에서 바다 수영할 때의 상황과 상당히 비슷한 면이 있었다.

바다에 처음 들어가면 큰 파도, 짠물, 흐릿한 시야, 차가운 온도 등에 위축되곤 한다. 그러다 보면 평상시 잘하던 호흡도 흐트러지고 바른 자세를 놓쳐 버린다. 호흡이 달리니 자꾸 고개를 들고, 고개를 드니 몸이 가라앉고, 몸이 자꾸 가라앉으니 다시 고개를 들려 하는 등 악순환이 반복되는 것이다. 자신의 페이스대로 천천히 고개를 물에 박고 자유형을 하면 누구나 할 수 있는 수영장 수영과 같은데 말이다. 심리적으로 당황하고 긴장하니 몸에 힘이 들어가서 평상시와 다른 형태의 수영을 하는 것이다.

비행도 마찬가지다. 교관의 태도에, 갑작스러운 돌풍에, 타워의 급박한 지시에 당황하면 내 페이스를 잃어서 잘하던 기동 연습(maneuver)도 안 되고, 랜딩도 잘 안 되기 마련이다. '나는 잘한다. 나는 할 수 있다'를 다짐하며 비행기에 올라야 한다.

하루는 동기인 명주의 뒷자리에서 관숙 비행을 했는데, 미국 항공대 출신이라 그런지 특유의 자연스러움과 여유가 묻어났다. 나는 그동안 무엇 때문에 그토록 열심히 진지한 태도로 임했을까. 좀 더 여유를 가지고 더 많이 웃고 즐기며 비행해야겠다고 다짐했다. 교관 카터와도 비행이 몇 번 남지 않은 상황이니 좀 더 즐겁게 시간을 보내기로 했다.

'체크야, 와라! 나는 할 수 있다.'

'He can do it. She can do it. Why not me?'

첫 번째 시험 전 마지막 레슨의 비행을 나가기 직전에 걸어가는데 중국인 훈련생이 말을 걸어 왔다.

"미안한데 나하고 우리 교관이랑 사진 한 장만 찍어 줄래?"

첫 솔로 비행을 나갔다 와서 기념으로 교관과 사진을 찍는 것이었다. 마침 카터가 지나갔다.

"다음 주 중에 나도 솔로 비행을 나갈 수 있을까요?"

"당연하지. 그럴 계획이야!"

그렇게 시작된 여덟 번째 '레슨 9'.

비행 시간이 20시간 정도 되면 프리 솔로 스테이지 체크를 봐야겠다고 생각했기에 이번이 계획상 마지막 레슨이었다. 카터에게 이미 17명의 훈련생이 배정되어 더는 우리를 신경 쓰기 어려워졌고, 새 교관 니 배너맨(Nii Bannerman)이 요즘 훈련생이 없어 시간 여유가 있기에 얼른 그와 비행하여 진도를 빨리 나가야 했기 때문이다.

생각보다 구름이 낮게 깔리는 바람에 A 사우스(Alpha south)라는 훈련 공역에서 기동 연습을 하는 대신 바로 옆에 있는 세바스천 공항으로 가서 랜딩을 시도했다. 바람이 없어서일까, 끼릭 소리와 함께 부드러운 랜딩에 성공했다. 카터의 칭찬과 함께 이번에는 비상 랜딩(emergency power off 180)을 연습했다. 생각보다 조금 높게 들어와서 복행 후 다시 시도하니 잘 들어갔다. 8일 만의 비행인데도 생각보다 감각을 잃지 않아 다행이었다.

C 사우스(Charlie south) 훈련 공역에서 기동 연습을 하고 바로 베로비치 공항의 런웨이 12R로 들어갔다. 완벽하지는 않았지만 썩 나쁘지 않은 랜딩이었다. 나는 비행을 잘 마무리하고 프리 스테이지 솔로 체크에 응시했다.

"차분하게 배운 대로만 하면 돼. 내가 옆에 있다고 생각하며 하던 대로 해 봐. 체커(시험관)는 앉아서 아무 말도 안 할 거야. 자신 있게 해."

돌아오는 길에 카터에게 한심한 질문을 했다.

"어떤 체커가 좋다고 생각해요?"

"자신만 있다면 어떤 체커든 상관없지 않을까? A 시험관은 매일 탈락시키고, B 시험관은 함께 비행만 하면 합격이라는 등 말이 많을 텐데 그런 거 절대 믿지 마. 붙을 사람은 붙고 떨어질 사람은 떨어지는 법이야. 너만 잘하면 돼!"

정답이었다. 아주 당연한 이치였는데 쓸데없는 질문을 한 셈이었다.

그리고 결심했다. 네 명 중 세 명에게 탈락을 주었다는 악명 높은 개츠 시험관이 체커가 된다 해도 도전하겠다고. 내가 준비되고 자신 있다면 승률이 높은 게임이었다. 사실상 모든 시험이 나 자신과 싸우는 일이다.

여러 가지 사정 때문에 계획보다 늦어지고, 탈락을 겪고, 많은 사고를 안고 간다. 누구나 이유는 있을 테지만, 그것이 변명이 되어서는 안 된다.

얼마 전 아버지가 보내 준 메일이 떠올랐다.

한 번의 실수로 모든 것을 잃을 수도 있다.
너의 신분을 잊지 말고, 늘 조심해라.

파일럿에게 가장 중요한 덕목은 자신감 그리고 겸손이다.

이 비행기를
착륙시킬 사람은
오직 나뿐이다

항공 운항을 전공하지도 않았고, 군에서 비행한 적도 없기에 누구보다 더 노력해야 쫓아갈 것 같았다. 그런 노력과 정신이 빛을 받았을까, 가장 어렵다는 레슨 8을 기적처럼 한 번에 통과하는 등 큰 어려움 없이 비행을 시작할 수 있었다.

그리고 일곱 차례의 시험 중 첫 번째 시험인 프리 솔로 스테이지 체크를 보았다. 시험은 구두 시험과 비행 시험으로 나뉘었다. 일곱 명이 함께 하는 오럴 체크는 순조로웠다. 문제를 한 명씩 돌아가며 질문하는 수준이었고, 다른 사람이 먼저 대답하면 "너도 동의하는가?" 식의 질문도 있었다. 결과는 전원 통과. 그중 동기 원일이와 나는 100점을 받았다.

다음 날 오전 6시 30분부터 오후 1시까지 나를 포함해 총 네 명의 체크(check ride, 비행 시험)가 예정되어 있었고, 그중 난 두 번째에 보기로 협의를 보았다. 평상시 긴장하지 않는 성격이지만 전날부터 왠지 떨리는 마음을 감출 수가 없었다.

　시험관 댄 게이지에게 키를 받고 비행기 점검을 시작했다. 긴장하지
말고 평상시 하던 대로 하자고 계속 되뇌었다. 천천히, 침착하게. 중요한
일을 앞두면 아무 말 안 하고 가만히 있는 스타일이라 그런지 이륙하고
나서 침착하고 편하게 비행한 것 같았다.

　세바스천 공항에 첫 번째 랜딩을 하는데 비행기가 생각보다 빨리 떨
어지면서 바닥에 살짝 튕기는 실수가 있었다. 댄 게이지가 마지막 스피
드가 조금 빨라서 그런 거라고 친절하게 지적해 주었지만 당황스러웠
다. 마지막 파워를 조금씩 빼는 시기가 약간 늦어서 비행기 속도가 평상
시보다 조금 빠른 것은 알고 있었지만 이렇게 떨어져 버릴 줄은 상상도
못했다. 이렇게 체크에서 탈락하는구나 싶으면서 다른 탈락자의 마음
이 이해되었다.

　침착하게 다시 한 번 랜딩 기회를 요청했고, 다행히도 한 번 더 시도
할 수 있었다. 침착하게 이륙하여 패턴을 돌고 착륙을 시도했다. 비행기
가 부드럽게 내려앉으면 타이어와 지면이 닿을 때 '쿵' 소리가 나지 않고
'끼릭' 하는 소리가 나는데, 그 '끼릭' 소리와 함께 완벽하게 내려앉았다.
랜딩이 잘되면 소름이 돋을 정도로 좋다.

　다음은 엔진이 고장 난 상황을 시뮬레이션하는 '파워 오프 180'을
실시했다. 공항 근처 고도 1,000피트에서 파워를 다 빼 버리는데 이번

에도 '끼릭' 소리를 내며 랜딩에 성공했다. 하늘이 도와주는구나 싶었다.

그리고 베로 비치로 돌아가려는데 그때부터 시험관 댄 게이지가 직접 비행하겠다며 한마디 했다.

"여기서부터는 내가 조종할게."

프리 솔로 스테이지 체크 도중 자기가 랜딩을 하겠다고 컨트롤을 가져가겠다는 것이었다. 어안이 벙벙했다. 합격인가? 첫 번째 랜딩을 제외하곤 딱히 잘못한 게 없었다. 합격이니까 가져간 거겠지?

그렇게 첫 번째 시험을 통과했다. 나의 비행 점수는 80점. 기동 연습, 충돌 기피(collision avoidance)도 다 괜찮았다며 전날 100점 맞은 사실을 언급하고는 잘했다고 칭찬해 주었다. 내 비행을 처음으로 평가받는 자리에서 칭찬받았다는 사실에 감사했다.

비행이 참 좋다. 비행을 선택한 건 정말 잘한 일이다. 세상의 수많은 일 가운데 비행을 알고, 내가 직접 비행하는 이 모든 것이 기적 같다.

다음 날 태어나서 처음으로 솔로 비행을 경험했다. 혼자 시동을 걸고 혼자 활주로에 올라가서 이륙하여 바람을 뚫고 온전하게 착륙했다. 이 비행기를 안전하게 활주로에 내릴 수 있는 사람은 세상에 나 한 사람뿐이었다. 그 사실에 온몸 가득 소름이 돋을 정도로 솔로 비행은 짜릿했다.

긴장감 넘치는 솔로 비행 때 스스로 세운 목표가 있었다. 그것은 바로 영상으로 촬영하고 편집해서 이 흥분을 사랑하는 사람들에게 보여 주는 것이었다. 떨리기도 했지만 한쪽에 휴대전화를 고정한 채 창밖도 촬영해 가며 1분짜리 영상을 만들었다. 나중에 부모님과 친구들은 나의 행복을 잠시나마 함께할 수 있음에 행복해했다.

영상을 공유하고 얼마 후 메시지 한 통이 도착했다. 페이스북 20만 명의 구독자가 있는 '열정에 기름붓기' 공동 대표가 솔로 비행 영상을 보고 내 이야기를 콘텐츠로 만들어 보겠다는 것이었다. 그 팀에는 오지탐사대 후배 수빈이 디자이너로 있었는데 나와 대화를 나누어 보지는 않았지만 내 영상을 보고 감명을 받았다고 했다.

신기했다. 나의 일상이 낯선 이들에게 빠르게 전파되는 걸 보고 세상의 변화를 체감했다. 누군가가 나의 삶을 궁금해한다는 것 자체도 재미있는 사실이었다. 나는 이메일을 주고받으며 내 이야기를 들려주었고, 그들은 콘텐츠로 만들어서 배포했다.

반응은 폭발적이었다. 8,000여 명이 '좋아요'를 눌렀고, 4,500여 명이 공유했다. 하루에도 수십 명씩 메시지를 보내오는 통에 나는 한순간에 유명인이 된 것 같았다. 그럴수록 균형을 유지하려고 애썼다. 온라인상의 몇몇 이미지만 가지고 나를 좋게 판단하는 것도 걸렸지만, 잠깐 반짝이고 마는 관심일 것이기 때문이었다. 나는 내가 할 일에만 집중하면 되는 것이다.

신기한 일은 여기서 그치지 않았다. 대구방송에서 그 콘텐츠를 보고 다큐를 찍고 싶다며 연락해 온 것이다. 몇 달 후 정말 방송팀이 미국으로 건너와 촬영을 시작했고 방송을 탔다. '열정에 기름붓기'의 수빈이가 주위 사람들에게 내 평판을 물어봤을 때 주위에서 안 좋은 이야기를 했다면 나는 소개되지 못했을 것이다. 내 콘텐츠 담당자 시형이와 소통하지 않았다면 많은 사람이 공감할 만큼 퀄리티 있는 콘텐츠가 나오기도 힘들었을 것이다. 당시 시형이는 나의 서면 인터뷰를 보고 감동받아서 금연을 결심했다.

주위에 운이 따르는 사람들이 있다.

누군가는 "저 친구는 운이 참 잘 따르는 것 같아." 하고 말할지도 모른다. 하지만 아무 이유 없이 찾아오는 행운은 없다.

파일럿이 되는
방법

남자라면 한 번쯤 파일럿을 꿈꾼다. 하늘을 날거나 멋진 제복을 입고 승무원들 앞에서 당당하게 걸어가는 모습을 상상하면서 말이다. 나 역시 크게 다르지 않았다. 회사를 나오며 어떻게 파일럿에 도전할까 고민했는데 주위의 많은 이들이 같은 고민을 한다는 걸 알았다. 짧은 시간이지만 미국에서 비행 학교를 다니며 알게 된 것들이 있다.

어떻게 파일럿이 되는가

보통 네 가지 방법이 있다.

첫 번째는 공군사관학교, 항공대, 한서대 등 국내 항공운항학과 학군단과 조종 장학생 등을 통하여 군 파일럿이 되는 방법이다. 군에서 전투기를 조종할 수 있는 유일한 기회이며 다양한 비행을 경험할 수 있고, 비행 교육비가 추가로 들지 않는다는 장점이 있지만 투철한 국가관, 정신력이 요구된다.

두 번째는 민간 항공사나 비행교육원의 조종 훈련생 프로그램을 선택하는 방법이다. 한국항공대 비행교육원 APP 과정 혹은 아시아나 운항 인턴 과정이 대표적이다. 이 경우 중도 탈락 없이 교육을 수료하고 입사 전형에 합격한다면 대형 항공사 부기장으로 입사할 수 있다. 항공운항학 전공자뿐만 아니라 일반 대학 졸업자에게도 지원 기회가 있으며, 미국에서 훈련을 받기 때문에 미연방항공청에서 발급하는 면허를 취득할 수 있어 국제적으로도 공신력을 인정받는다.

세 번째는 해외 항공대 혹은 해외 비행 학교에 입학하는 방법이다. 이 경우 항공 산업이 발달한 나라에서 비행 시간을 충분히 쌓을 수 있고, 한국보다 날씨가 좋은 나라라면 비행 교육을 받기가 수월하다는 장점이 있다. 또한 비행 교관에 도전해 볼 수도 있다.

네 번째는 울진에 있는 비행훈련원 혹은 국내 각지에 있는 사설 비행훈련원에서 교육을 받는 것이다. 울진 비행교육원의 경우 항공사 연계 프로그램으로 성적 우수자에게 졸업과 동시에 민간 항공사에 취업할 수 있는 기회를 주기도 한다. 국내에서 교육을 받기 때문에 체류비 부담이 적다는 장점도 있다.

어떠한 자질이 필요한가

비행에 필요한 자질은 분명히 있다. 책임감, 판단력, 운동 능력, 언어 소통 능력 등이 필요하다. 나는 그중 언어 소통 능력을 첫손으로 꼽는다. 비행할 때 가장 중요한 것 중 하나가 의사 결정 능력이다. 돌발 상황에서 문제를 빠르게 인지하고, 최적의 해결책을 찾고, 그것을 다른 이들과 공유하여 사고를 피하는 능력을 말한다. 이때 제아무리 능숙하게 상황을 해결한다 하더라도 소통에서 막혀 버리면 더 큰 문제를 야기할 수 있다. 아울러 비행 전 교관의 브리핑, 비행 중 교신 등에서 모든 대화를 영어로 하기 때문에 영어로 원활하게 소통할 수 없으면 비행을 아무리 잘해도 문제가 생길 수밖에 없는 상황이 온다. 영어는 단순히 비행을 잘하기 위한 수단을 넘어 장기적으로 경쟁력 있는 커리어를 쌓기 위한 첫 번째 준비물이다.

그렇다면 어떻게 영어를 공부해야 할까? 최대한 '많이 말하는 것'이 가장 빨리 실력을 키우는 최고의 방법이라고 생각한다. 말을 많이 하는 것이 중요한데 남의 눈치를 보느라 쉽게 말하지 못하는 친구들을 아주 많이 보았다. 남이 나의 발음을 비웃지 않을까 걱정하는 순간 영어를 잘할 수 있는 기회를 날려 버렸다고 생각하면 된다. 얼굴에 철판 열

개 정도는 깔겠다는 마음의 준비가 필요하다. 처음이 어색할 뿐이지 말하는 습관을 들이면 누구보다 편하게 표현하는 자신을 발견할 수 있다. 이 단계까지 도달하는 데 3개월이면 충분하다.

어떤 학교에 가야 하는가

항공 산업이 빠르게 성장하면서 조종훈련생도 급증했다. 또한 많은 훈련생이 첫 번째 비행 교육 기관으로 미국을 선택하다 보니 비행 학교마다 교관 대비 학생 수가 증가하는 실정이다. 몇 년 전만 해도 사업용 조종사까지 취득하는 데 6개월이 걸렸다면, 지금은 12개월로 늘어난 곳이 많다. 학교당 배정된 비행기 수와 교관 수는 한정되어 있는데 학생들이 늘다 보니 자연스레 교관 대비 학생 수가 늘어난 것이다. 따라서 교관 대비 학생 수를 파악하여 본인이 어느 정도 기간에 교육을 마칠 수 있는지 등을 확인해야 한다.

나는 운항학과 졸업생도 아니고 비행 경험도 없는 터라 남들보다 나은 조건이 아니었다. 동기가 나를 포함해 20명이었는데 그중 운항학과 출신 두 명, 육군 항공 헬리콥터 파일럿 한 명(PPL 소지)은 비행 경험이 있었다. 항공우주, 자동차 산업 분야를 거치면서 항공 산업, 항공기 시스템에 대한 지식을 갖춘 동기들도 있었다. 그러고 보면 프랑스어를 전공하고 마케팅 경력뿐인 나는 비행을 잘할 만한 요인이 하나도 없었다. 남들보다 더 노력할 수밖에 없는 상황이었다.

대신에 나는 남들에게 물어보는 것을 부끄러워하지 않았다. 내가 어려워하는 문제는 누군가 이미 한 번쯤 고민한 문제라 해결책이 있는 경우가 많았다. 비행 체크가 대표적인 경우였다. 이륙 후에 가장 먼저 무엇을 했고, 디버전(diversion, 비행 중 날씨 등의 특별한 사유로 인해 목적지를 바꾸어 비행하는 절차)은 어느 부근에서 주로 어디로 향하는지, 체커가 중요시하는 부분은 무엇이 있는지 등의 팁을 얻고 시험을 준비한다면 많은 부분에서 앞서 나갈 수 있다.

나의 경우 구글 어스로 지형 지물을 익히는 연습을 많이 했다. 초기에는 시뮬레이터로 비행 절차 등을 연습했고, 주기되어 있는 비행기에 자주 가서 혼자 칵핏 타임을 가졌다. 잠들기 전 10분간의 머리 비행도 많은 도움이 되었다. 유튜브로 다양한 비행 영상을 참조하며 다른 학생들의 비행 연습을 보고 미리 공부하기도 했다. 구글에서 검색해 보면 이미 많은 미국인이 자료를 공유해 놓았다는 사실을 알 수 있다.

새들은 뒤로 날 수 있을까?

　새 그림을 그릴 때 늘 3자를 왼쪽으로 뉜 것처럼 갈매기 모양을 그리
곤 했다. 내게 새는 독수리처럼 우아하게 날개를 양옆으로 쫙 펴서 펄럭
이며 나는 존재였다.

　비행을 하다 보니 하늘을 나는 새들을 참 많이 보게 된다. 프로펠러
에 부딪히지는 않을까 조심스럽기도 하고, 전에 앞 유리창을 뚫고 들어
온 무지막지한 까만 새의 충격 영상을 본 적이 있어서 그런지 어떻게 대
처할까 고민하기도 한다. 최근에 알게 된 사실인데 새들은 옆으로도 날
수 있고, 심지어 뒤로도 난다. 상상이 가는가?

　사람이 옆으로도 걷고 뒤로도 걷는 것처럼 새들도 그냥 날 수 있는
것이다. 그동안 왜 새는 뒤로 날지 못한다고 생각했을까?

새로운 시야를 갖는 것은 그만큼 많은 것을 포기했기에 따라오는 대가일지도 모른다. 새로운 환경에서 오늘을 살고 있음이 새삼스레 고맙다.

비행 훈련을 하는 이곳은 번쩍이는 빌딩보다는 초록빛 들판이 넓게 펼쳐진 시골 동네다. 진흙탕도 많고 방치된 논바닥 같은 것도 많다. 어린 시절 시골의 할아버지 집에 가면 소 몇 마리가 있었는데 늘 파리가 꼬여서 소는 곧 파리와 소똥 냄새라는 인식이 강했다. 그런데 이곳에서 비행하며 내려다보는 들판 위의 소는 꼭 장난감 레고 같아서 귀엽다. 소가 귀엽다니! 하여튼 높은 곳에서 바라보는 소는 움직이지도 않는 작은 장난감 같아서 볼 때마다 신기할 뿐이다. 특히 더운 한낮에 물가에 서 있는 소들은 최고로 귀엽다.

그리고 즐거운 시간만 이어지던 나의 비행에도 새로운 사건이 벌어졌다.

PPL(Private Pilot License, 자가용 조종사 자격) 체크를 앞두고 교관이 바뀌었다. 가나에서 온 니 란테이 배너맨. 키 183센티미터, 몸무게 100킬로그램의 거구에 흑인 특유의 웃음이 좋았다.

다행히 열심히 하는 성격이라 비행 스케줄을 잘 넣어 주었고, 운 좋게도 한 달간 비행만 열심히 하게 되어 빠르게 PPL 체크를 앞둘 수 있었다. 하지만 이렇게 뭐든 술술 풀렸다면 이 글을 쓰지 않았을 터, 니 배너맨 교관은 언제부터인지 잔소리가 늘기 시작하더니 별것 아닌 일에도 짜증을 냈다. 결국 우리는 짜증과 한숨으로 가득 찬 비행을 했고, 비행을 마치고 램프로 돌아오면 서로 눈도 안 마주칠 정도로 기분이 상했다.

나름 비행감이 빨리 왔다고 자신 있어 했던 내 모습도 어느덧 자취를 감추고, 조금씩 움츠러들었다. 처음에는 이런 일도 있겠지, 내가 고쳐봐야지 하고 너그럽게 생각했건만 그의 잔소리는 극에 달했다. 굴욕적인 비난도 모자라서 도저히 비행을 할 수 없을 정도로 쏘아 대며 온 정신을 빼앗기 일쑤였다.

물론 그가 나보다 비행 실력이 뛰어난 것은 맞지만 그가 보인 말투와 행동은 너무 실망스러웠다. 어떻게 해야 할까 고민했지만 딱히 방법이 없었다. 그가 잔소리하는 내용을 모조리 적어서 연습하고, 잔소리할 틈이 없도록 준비하는 것밖에 없었다. 그렇게 처음 비행을 시작했던 초심으로 돌아가 조금씩 준비하고 대비하다 보니 비행이 다시 괜찮아지기 시작했다. 잔소리도 줄고, 분위기도 나아지는 기미가 보였다. 체크를 올리기 위한 마지막 비행에서 전 코스를 무사히 마치고 다섯 차례의 랜딩이 모두 잘 들어가자 그가 그제야 웃으며 박수를 쳤다.

　짜릿했다. 통쾌했다. 학생 입장에서 교관에게 꼬박꼬박 맞서기는 쉽지 않다. 결국 내가 할 수 있는 대답은 비행으로 보여 주는 것이었다. 앞으로도 몇 개의 산이 남아 있을 것이다.

　모든 사람이 나를 좋아할 수는 없다. 아무리 노력해도 불가능한 일이다. 그래서 나를 좋아하는 이가 있다면 나를 싫어하는 이도 있다고 생각해야 한다.

　남의 말에 휘둘리지 않으려면 철저한 자기 분석이 있어야 한다. 내욕심을 채우기 위해 남을 짓밟고 올라간 적은 없는지 냉정하게 돌아보면 답이 나올 것이다. 다행히 나는 자존감이 높은 편이라 남이 하는 말에 크게 신경 쓰지 않았다.

　두려움이란 경험의 부재가 만들어 낸 환상일 뿐이다.

　경험해 보지 않으면 두려움은 한없이 커지지만, 막상 경험해 보면 별것 아닌 경우가 많다.

　두려움을 이겨 낼 수 있는 가장 큰 힘은 경험이다.

비행하며 나 자신에게 거는 주문

- 내 행동에는 관대하면서 남을 손가락질하는 어리석은 짓은 하지 마라.

- 할 일이 없으면 책을 봐라. 나가서 걸어라. 무거운 것을 들어라. 삼삼
  오오 모여서 잡담이나 하고 험담하는 짓은 파일럿이 할 일이 아니다.

- 남의 것을 탐하지도 말고 쉽게 사용하려고도 하지 마라. 너에게는 별
  것 아니어도 남에게는 무엇보다 소중할 수 있다.

- 어떠한 이유든 변명하지 마라. 그것이 네 그릇이고 네 실력이다. 부족
  함을 인정할 때 비로소 한 단계 더 성장할 수 있다.

- 강자에게는 아무 말 못 하면서 약자에게 함부로 대하는 자세야말로
  사람이 범할 수 있는 가장 지질한 짓이다.

- 모든 일에는 해결 방법이 있다. 시도하지 않은 자들이 안 된다고 하는
  말을 듣고 포기하는 것은 너도 시도하지 않은 자가 되는 길이다. 해법
  이 없는 문제는 없다.

- 비행도, 시험도, 레슨도, 스케줄링도 다 사람이 하는 일이다. 사람이
  하는 일이란 내 행동, 말투, 억양, 배려, 준비, 마음가짐 등 모든 것을
  바탕으로 일을 진행하는 것이다. 아무것도 안 하면서 운이 따르기를
  바라는 것은 미친 짓이다.

- 비행할 때 가장 어려운 점은 돌풍을 뚫고 착륙하는 것도, 다양한 기동
  연습도 아니다. 훈련생이 너무 많아 나오지 않는 비행 스케줄, 학교의

부당한 대우를 이겨 내는 일, 교관의 차별, 조리 시설도 없는 좁은 방에서 두 명이 생활하는 일 등 아주 사소한 것부터 이겨 내는 일이다.

- 비행할 때는 앞을 봐야지 계기에 빠지는 실수를 범하지 마라. 모든 일이 마찬가지다. 내 할 일에만 집중해야지 쓸데없는 부분에 신경 쓰는 낭비를 범하지 마라.

- 남들이 하는 말은 절반만 들어라. 실제로 내가 직접 해 보면 전혀 다른 결과가 나오는 일이 수도 없이 많다. 모든 일은 내가 하기 나름이다.

- 가장 쉬운 시험이 가장 어려울 수도 있고, 가장 어려운 시험이 가장 쉽게 느껴질 수도 있다. 장애물의 높낮이는 내가 어떻게 준비하느냐에 따라 바뀐다.

- 돌풍이 없는 날만 비행할 수는 없다. 바람이 불건 비가 내리건 그 모든 것을 넘어 안전하게 비행하는 법을 배우지 않는가. 환경을 탓하는 것은 자기 합리화와 변명에 불과하다.

활주로에도
꽃이 핀다

공항의 활주로는 도시의 자동차 도로보다 훨씬 강하고 두껍다. 수십 톤에 달하는 비행기가 공중에서 쾅! 하고 내리찍으니 그 힘을 감당할 수 있을 만큼 튼튼해야 하기 때문이다.

얼마 전 비행하러 가기 위해 활주로를 걷다가 걸음을 멈춘 채 한참을 바라본 적이 있었다. 아스팔트의 작은 틈새로 푸른 잎과 함께 분홍빛 꽃이 활짝 피어난 게 아닌가. 그 순간 이 두꺼운 아스팔트에 뿌리를 내리고 잎을 내어 고운 꽃을 피워 냈을 고난의 시간들이 파노라마처럼 흘러갔다. 비행기 바퀴에 짓밟히고 주유 트럭에 밟히며 죽었다 살아나기를 얼마나 반복했을까.

미국의 극작가 존 패트릭이 말했다.

"고통은 사람을 생각하게 만들고, 생각은 사람을 지혜롭게 만든다. 그리고 지혜가 생기면 인생은 견딜 만하다."

선불리 도전했다가 실패하면 모든 게 끝났다고들 생각한다. 허나 나의 지난 시간들을 생각해 보면 끝난 적은 한 번도 없었다. 파일럿이 되겠다며 사직서를 제출하고 항공사 최종 면접 결과를 기다릴 때도 그랬다. 걱정도 안 했는데 탈락하고 말았다. 모든 것을 버리고 자신 있게 도전했지만 마지막 한 방에 쓰러지고 만 것이다.

누군가는 그럴 줄 알았다며 비웃었을지도 모른다. 하지만 1년 넘게 다시 준비했고 지금은 교육받을 수 있는 기회를 얻었다. 아직도 수많은 시험과 난관이 남아 있지만 어떠한 어려움이 기다린다 하더라도 길은 반드시 열린다는 것을 믿는다.

도전의 가장 큰 걸림돌은 능력도 노력도 아닌 '선입견'이다.

"사람들이 안 된다던데, 네가 이걸 할 수 있을까?" 같은 말들은 시도조차 해 보지 않은 이들의 조언인 경우가 많다. 경험해 보지 않았기에 말로 단정 짓는 것이고, 자신이 할 수 없다고 느끼기에 남들에게도 불가능하다고 정의해 버리는 것이다. 경험을 바탕에 두지 않은 상상의 나래가 진리인 것처럼 말이다. 사기꾼의 말만 경계할 게 아니라 '경험해 보지 않았으면서 말만 앞세우는 이들의 생각'도 멀리해야 한다.

"왜 안 돼?" 하고 자신 있게, 고집 있게 반론할 용기와 굳은 의지가 있어야 한다. 그 고집이 새로움을 만들고 변화된 내일을 이끌어 낸다.

'열정'에 '간절함'이 더해졌을 때 비로소 '천하무적'이 된다. 공항 활주로의 두꺼운 아스팔트를 뚫고 꽃이 피어날 줄 누가 상상이나 했겠는가.

_____ 나는 날아야 한다

투둑 투둑.

비행기가 구름 속으로 들어갔다. 창문에 물방울이 조금씩 맺히더니 이내 비가 떨어진다. 엔진 소리가 꽤 커서 웬만한 소리는 잘 안 들리는데도 불구하고 빗방울 부딪히는 소리는 잘 들린다.

언제부턴가 비를 기다리기 시작했다. 예전에는 하루라도 비행을 더 하려고 비가 안 오기를 바랐다. 그런데 지금은 비가 내리면 시계 비행*을 하는 학생들이 비행을 못 하기에, 계기 비행**을 하는 내가 더 비행할 수도 있으니 날씨가 안 좋기를 바라는 것이다.

남이 불행해야 내가 더 행복해진다고 생각한 내 모습이 한순간 치졸

---

* **시계 비행**(visual flight rules) 가시거리가 길고 시야가 넓은 상태에서 조종사가 육안으로 주변 장애물을 인식하여 비행하는 항공 규정.
** **계기 비행**(instrument flight rules) 시계 비행과 달리 주변 시야 환경이 충분하지 않은 기상 조건에서 계기를 통해 비행하는 항공 규정.

하게 느껴졌다. 나도 한때는 레이더에 나타나는 셀의 크기에 가슴 졸이며 비행을 시작하는 위치였는데, 어느새 남의 기회나 호시탐탐 노리는 욕심을 부리는 것은 아닌지 말이다.

존중받고 싶은 욕망, 인정받고 싶은 욕망, 앞서 나아가고 싶은 욕망, 창피당할지도 모른다는 두려움, 멸시받기 싫은 마음에서 벗어나야 내가 비워진다는 것을 깨닫기란 너무 어렵다. 비워야 채워진다는 것을 알지만 실천하기가 쉽지 않다.

지금 내가 힘들어하는 모든 것이 사실은 별것 아니었음을 깨닫는 순간이 올 것이다. 그리고 거칠게 몰아치던 태풍도 시간이 지나고 나면 실바람이었다는 것을 깨달을 거라 믿는다. 늘 그래 온 것처럼 비가 그치면 무지개가 짠 하고 나타날 것이다.

행운도 이런 행운이 있나 싶을 정도로 많은 운이 따랐다. 비행을 잘할 만한 요건이 없는 내가 도전하는 시험마다 합격했다. 모든 과정을 무사히, 빨리 마쳤다. 이젠 비행을 하는 매일이 내겐 기적이다.

'Ready for take off!'

진짜 조종사가 되다

어두운 방 한구석에 있는 책상 앞에 앉아 이리저리 흩어진 프린트물 수십 장과 밤새 씨름했다. 졸음이 쏟아져서 머리가 지끈거리기도 하고, 저녁에 마신 각성 음료 때문인지 가슴이 좀 답답했다. 눈은 무언가로 꾹 누르는 것처럼 터질 듯이 아파 왔다. 새벽 4시가 지나서야 억지로 침대에 누웠다가 두 시간 후에 일어나 다시 시험 준비를 시작했다.

학교 대표 격인 낸시 앞에서 사업용 조종사 구두 시험(commercial pilot oral exam)을 보았다. 그녀는 검은색 치마 정장 차림으로 시종일관 다리를 꼬고 앉아서 PTS 책을 들고 문제를 냈다.

"네가 사업용 조종사가 되었을 때 내가 1,000달러 줄 테니 올랜도까지 비행기로 데려다 달라고 하면 할 수 있겠어?"

운이 닿았을까? 까다로운 구두 시험을 운 좋게 합격했다. 바로 앞에 시험 본 동기가 이내 떨어져서 나도 떨어질 거라고 예상했는데, 엄청난 운이 따랐다. 창밖으로는 검은 구름이 잔뜩 도사린 가운데 그 속에서 간혹 작은 번개가 치고 있었다. 날씨가 안 좋을 때 실내에서 창밖을 바라보는 기분이 참 묘했다. 합격의 기분과 그 광경이 대조되면서 기억에 남는다.

다음 날은 수석 교관인 챔플리와 비행 테스트를 했다. 절대 고쳐지지 않는 게으른 성격 덕에 준비가 많이 부족해서 유난히도 힘들었던 이번 시험을 마쳤다.

그렇게 사업용 조종사가 되었다. 이곳에서 가장 어려운 마지막 관문을 넘어서고 이제 2주 후면 집으로 돌아갈 터였다. 이곳에서 가장 는 것은 비행이 아니라 불평이란 생각에 마음을 고쳐먹기를 수십 번. 돌아가면 조금은 나아져 있을까 하는 헛된 생각도 해 보았다.

사업용 조종사 과정을 마치고 멀티 엔진 비행 교육을 마지막으로 졸업을 앞둔 선배들을 볼 때마다 나는 언제쯤 끝날까 하는 마음뿐이었는데, 어느새 내가 그 자리에 닿았다. 얼마나 많은 일이 있었는지 기억도 잘 나지 않을 만큼 숨가쁜 날들이었다.

Part 6

날개 없이
하늘을 날다

왜 하필
파일럿이었을까?

2007년, 케언즈에서 가장 유명한 DFS 갤러리아 면세점에서 일할 때 매니저의 추천을 받아 홍콩 본사에서 이루어지는 매니저 프로그램에 지원한 적이 있다. 선발만 된다면 홍콩에서 교육을 받고 DFS 갤러리아의 매니저로 거듭나는 프로그램이었다. 그러나 내 지원서를 받아 든 매니저가 깜짝 놀라며 물었다.

"너 대학 졸업 안 한 거였어? 매니저는 졸업장이 없으면 불가능해."

"……."

대학 졸업장이 없어도 열정만 있다면 무엇이든 가능하다고 믿었는데, 처음으로 현실의 벽에 부딪혀 주저앉을 수밖에 없었던 순간이었다. 그리고 결심했다. 한국으로 돌아가서 졸업장과 함께 더 큰 세계로 나아갈 것을.

한국으로 돌아와서 한 학기를 다닌 결과 앞으로 3년을 더 학교에서 보내야 한다는 사실이 답답해지기 시작했다. 졸업장이 없어도 할 수 있는 일이 없을까 하고 고민하는 중에 에미레이트항공에서는 대학 졸업장이 없어도 승무원으로 지원할 수 있다는 정보를 얻었다.

외국 항공사 면접을 위해 항공업 취업 특강을 들었다. 그리고 특강이 끝날 무렵 승무원 출신의 강사가 중요한 이야기를 들려주었다.

"아참, 그리고 여러분은 승무원 말고 조종사를 꿈꿀 수도 있어요. 제 동기는 어느 날 회사를 그만둔 뒤 1억을 들고 알래스카로 갔어요. 비행학교에 등록하고 비행을 시작하더니 이듬해에 부조종사로 입사해서 지금은 열심히 비행하며 지내요. 뜬금없는 이야기지만 여러분이라고 못할 것은 아니죠."

순간 정신이 번쩍 들었다. 아마도 그 자리에 있던 대부분의 학생들은 한 귀로 듣고 한 귀로 흘렸을 것이다. '나는 불가능해' 혹은 '저걸 내가 어떻게 해'라면서. 하지만 나는 알래스카로 가야만 할 것 같았다. 막연하지만 할 수 있을 것 같았다. 지금부터 천천히 학교 다니고, 다양한 경험을 쌓고, 취업해서 돈을 모으면 나도 떠날 수 있겠지 하고 미국에서 비행하는 꿈을 꾸기 시작했다.

_____ **우아한 삶**

파일럿. 나는 여전히 이 단어를 들으면 마음이 설렌다. 어린 시절부터 파일럿을 동경했지만 실제로 파일럿에 도전하기까지 엄청난 사건이 있었던 것은 아니었다. 그저 평범한 일들의 연속에서 나온 자연스런 선택이었을 뿐이다.

 돌이켜 보면 파일럿이 될 징조 같은 건 없었다. 8년 전 호주의 다이브 마스터에서 DFS 갤러리아 버버리 담당으로, 버버리 사원에서 매니저로, 면세점 매니저에서 외국 항공사 승무원으로, 항공사 승무원에서 파일럿으로 방향을 잡기까지 2년 동안 조금씩 꿈으로 가는 초석을 다듬어 왔을 뿐이다.

 전역 후 호주로 떠나지 않았다면 다이버가 될 수 없었을 테고, 다이버가 되기 위해 이력서를 들고 케언즈의 다이빙 숍 스무 군데를 돌아다닌 그 순간이 없었다면 버버리 직원도 될 수 없었을 것이다. 더 높은 꿈을 꾸기 위해 매니저 프로그램을 알아보지 않았다면 항공사 승무원을 고려하는 일도 없었을 것이다. 항공사 면접에 합격하기 위해 항공업 취업 특강에 참석하지 않았다면 알래스카의 비행 학교에서 비행을 배우고 항공사 부기장이 된 사례도 접할 수 없었을 것이다.

어쩌면 모든 일이 그렇다. 처음부터 영화처럼 번쩍 하고 멋있게 시작하는 일은 없다. 치열하게 뒹굴기도 하고, 부끄러운 실패도 해 보고, 여기저기 부딪히며 조금씩 자신을 갈고닦다 보면 '기회'라는 빛이 조금씩 생긴다. 기회는 잠자는 공주처럼 아름답게 누워만 있거나 시원하고 따뜻한 집에 박혀 있는 자에게 오는 것이 아니다.

처음부터 멋지려고 하지 말자.
바보 같고 무식해도 괜찮다.
용감하게 도전하는 모습 자체로도 충분히 아름답다.

지금 힘든 시기를 겪고 있거나 슬럼프라고 생각하는 사람에게 꼭 들려주고 싶은 말이 있다. 죽을 것처럼 힘든 시기가 지나고 나니 죽어도 여한이 없을 정도로 강한 삶의 오기가 생겼다. 남들이 불가능이라 일컫는 것들을 이루고 말겠다는 오기, 오늘을 힘들어하는 사람들에게 힘이 되어 주고픈 오기, 이것밖에 안 되는 나도 하는데 너는 왜 못 하느냐고 말하는 오기 말이다.

꿈을 이루는 가장 쉬운 방법은 삶을 관조와 관찰로 대체하지 않는 것이다. '훌륭한 이들의 생각을 읽고, 공감하고, 따라가야지.' 하며 남이 만든 책을 읽고, 음악을 감상하고, 맛있는 요리를 음미하고, 관광지를 찾아

다니는 것은 인생에 큰 도움이 되지 않는다.

직접 몸을 던져 봐야 한다. 내 생각을 담아 글을 써 보기도 하고, 내 발품을 팔아 남들이 가지 못한 곳에 가서 영상으로 담아 보기도 하고, 피아노 앞에 앉아 세상에 하나뿐인 나만의 곡을 만들어 보는 것이다. 물론 창작은 절대로 쉽지 않다. 하지만 잊지 말자. 쉬운 일만 하고 남이 만들어 낸 것만 쫓는 한 나는 영원히 성장하지 않는다는 것을.

우아하고 감상적인 삶? 그런 거 없다. 한순간에 그러한 삶으로 들어가기를 바라는 것은 미친 짓이다. 나이가 들수록 더욱 도전하고, 한계를 넓히며, 나 자신을 불구덩이에 빠뜨려야 한다.

_____ 무지개를 보고자 한다면 내리는 비를 이겨 내라

If you want the rainbow, you have to deal with the rain.

_영화《안녕 헤이즐》중에서

어린 시절 나는 단점투성이였다. 초등학교 때는 교실에서 바지에 똥을 싼 적도 있고, 공부도 못하면서 학생회 부회장을 맡기도 했다. 프랑스에서 공부할 때는 국제반의 중국 아이들을 괴롭혔으면서도 정작 프랑스 일반반으로 옮긴 후에는 유급한 문제아 형들에게 괴롭힘을 당하기도 했다. 고등학교 시절에는 등록증이 없는 오토바이를 타다가 쫓아오는 경찰차와 추격전을 벌이기도 했고, 동네 건달 형과 시비가 붙어 경찰서에 다녀오기도 했다. 스무 살에는 전세 보증금을 들고 도망간 주인 아저씨의 행방을 3개월간 쫓은 끝에 이중 계약을 하려는 순간에 들이닥쳐서 주인 아저씨 멱살을 잡고 파출소에 다녀오기도 했다. 입대해서는 "해병대가 몸이 그게 뭐냐? ET 같다."며 조롱당하기도 했고, 일병 시절에는 위험 대상자로 찍혀서 눈 오는 날 벌거벗은 채 기합을 받고 일주일간 교동도를 무장 구보하기도 했다. 전역 후에는 반대로 의욕이 너무 앞서서 저지른 실수가 상당했다.

비행을 하는 지금은 온종일이 실수다. 비행할 때는 당연히 밖을 봐야 하는데 쓸데없이 계기에 집중하느라 비행기가 삐뚤어진 것도 모를 때가 있다. 착륙할 때는 속도를 63노트에 맞춰야 하는데 이 쉬운 걸 왜 늘 못 맞추는지, 비행기 머리 아래 있는 노즈 기어(nose gear)를 활주로 정중앙에 내려야 하는데 왜 항상 옆에 놓이는지 잘 모르겠다.

다행인 것은 내 성격 자체가 실수에 무덤덤하다는 점이다. 누군가 지적하면 일단 '기회'로 받아들인다. 내가 모르는 단점을 고칠 수 있는

아주 쉽고 빠른 기회 말이다.

나이를 먹을수록 지적당하는 기회가 줄어든다는 것은 참 슬픈 일이다. 나는 아직도 더 많이 실수하고, 더 많이 깨우치고, 더 다듬고 싶지만, 잔소리 들을 기회는 늘어나는 나이와 반비례하고 있다. 지금 듣고 있는 누군가의 잔소리와 책망을 진심으로 고마워하자. 한 단계 더 성장할 수 있는 절호의 기회다.

살면서 힘든 일을 겪었다면, 지금 슬럼프에 빠졌다면, 어쩌면 훌륭한 자서전을 쓰는 과정일지도 모른다. 모든 영화와 자서전에는 주인공이 역경을 헤치고 성장해 가는 이야기가 있다.

실패를 경험하고 싶지 않을 땐 아무것도 도전하지 않으면 된다.

하는 일이 없기 때문에 절대 실패하지 않는다.

당신만의 장점은 무엇입니까?

나는 '자존감'을 첫째로 꼽을 것이다. 여러 가지 도전을 하고 다양한 상황에 직면하면서 자존감을 키울 수 있었다. 자존감이 강하다 보니 나 자신을 삐뚤어지게 놔두지 않았다. 내가 싫어하는 내 모습이 눈에 띄는 것을 용서하지 않았다. 내가 원하는 나를 만들기 위해 하루 종일 노력할 수 있는 가장 큰 원동력이었다.

자존감은 어떻게 키울 수 있습니까?

자존감을 키우는 가장 효과적인 방법은 '잘하는 일을 찾는 것'이다. 내가 잘하는 일을 많이 찾으면 찾을수록 자신감이 생기고, 그 자신감이 뭉치고 다양한 상황에 직면하면서 자존감으로 성장할 가능성이 크다. 수학 실력이 뛰어나면서 요리를 잘할 수도 있고, 사교성이 좋으면서 외국어를 빨리 배울 수도 있다.

잘하는 일은 어떻게 찾을 수 있습니까?

그림을 잘 그리려면 최대한 많이 그려야 한다. 좋은 사진을 찍기 위해서는 최대한 많은 피사체를 찍어 봐야 한다. 잘하는 일을 찾는 방법은 최대한 많은 일을 경험하는 것이다. 새로운 장소에서 새로운 사람들을 만나고 새로운 언어로 대화하며 새로운 옷을 입고 새로운 일을 하는 것이다. 뇌가 가장 활발하게 움직일 때 역시 새로운 일을 마주할 때라고 한다.

쉬운 일만 해서는 나의 장점을 찾기 어렵다. 늘 하던 일만 계속하다 보면 내 속에 숨은 재능을 찾을 수가 없다. 그래서 못하는 일에 더 매진해야 한다. 해 보지 않은 분야에 도전하고, 남들이 가지 않은 길을 헤쳐 나가기도 해야 하는 것이다.

최대한 많은 일을 해 보려면 어떻게 해야 합니까?

남을 의식하지 말아야 한다. 우리는 새로운 일을 할 때 남의 시선을 의식하는 경우가 많다. '내가 이런 행동을 하면 누가 이상하게 보지 않을까?' '이 나이에 이걸 하면 욕하지 않을까?' 하지만 경험해 보지 않은 자들이 함부로 내뱉는 말은 무시해 버려도 된다. 남의 시선과 남의 말에 휘둘리지 않으면 그 무엇도 쉽게 도전할 수 있다.

여기서 주의할 점은 자신감이 과했을 때 저지르기 쉬운 실수가 있다는 것이다. 바로 '자만심'과 '본인의 생각이 정답이라는 착각' 그리고 '상대방에 대한 배려심 부족'이다. 다양한 경험을 하고 힘든 도전을 하면서 자신감이 충만해지면 '내가 해 봐서 아는데'라는 식으로 자신의 경험만이 정답인 듯 주위에 강요하는 경우가 있다. 상대방의 의견을 쉽게 무시하고 듣지 않으려는 습성이 생긴 것이다.

세상 어떤 일에도 정답이란 존재하지 않는다. 어떤 상황에서도 우리가 상상하지 못하는 해결책은 존재하고, 그 해결책을 찾기 위해 끊임없이 성찰하고 자신을 돌아보아야 한다.

또 자아가 너무 강하면 본인이 우월하다는 생각 때문에 상대방을 배려하는 마음이 부족해지기 쉽다. 혹은 강자에게만 잘 하려 들고 약자에게는 별다른 노력을 하지 않는 오류를 범하기도 한다.

_____ 내 동생 동진이

5년 전 두바이에서 근무할 때 휴가 차 한국에 돌아왔다가 오지탐사대 모임에서 한 후배를 만났다. 그는 아마존 마라톤 참가를 원했고, 당시 나는 사하라 사막 마라톤을 완주했기에 조언할 게 있을 것 같아 다음 날 만나기로 약속했다. 다음 날 영등포 카페에 앉아 이야기를 나누었는데, 우린 그 자리에서 밥도 안 먹고 여섯 시간 내내 열띤 대화를 나누었다.

"아마존 마라톤 참가하고 싶으면 아마존 마라톤 다녀오신 분을 먼저 만나 봐. 대한항공 기장님 중에 다녀오신 분이 있어. 그분을 찾아가 보면 될 거야. 자전거로 미국 횡단을 하고 싶으면 후원사를 알아봐. 너의 여행이 후원사에 도움이 될 만한 곳을 찾아야겠지? 우선 자전거 회사랑 얘기해 봐. 자전거를 후원받을 경우 네가 여행기나 사진 등을 보내서 광고 효과를 낼 수도 있을 테니까."

하고 싶다는 생각만 있을 뿐 어떻게 시작해야 할지 막막했던 후배는 나를 만나고 나서 답답한 속이 시원하게 뚫린 느낌이라며, 본인이 가고 싶어 하는 길을 이미 다녀온 사람이 있다는 사실에 흥분을 감추지 못했다.

"형. 제가 이 프로젝트를 하려고 교수님, 학교 선배, 주위 형들 다 찾아가서 조언을 구했는데 해답을 듣지 못했어요. 근데 형 말을 듣는 순간 내가 뭘 해야 할지 알겠어요!"

이 후배는 아마존 마라톤 최연소 완주자가 되었고, 자전거로 미국 6,000킬로미터를 횡단했다. 그 후 말을 타고 몽골을 횡단했으며, 영화 제작자가 되어 영화《고삐》를 제작했다. 그가 바로 이동진이다.

그는 내가 무얼 하든지 늘 전화하고, 메일을 보내고, 집 앞으로 찾아왔다. 교육을 마치고 한국으로 돌아오는 날도 동진이는 새벽 3시부터 공항에서 나를 기다리고 있었다. 차도 없는 녀석이 공항까지 렌터카를 몰고 와 환영 플래카드를 들고 서 있었다. 그날 공항, 집, 점심 약속, 저녁 약속까지 본인이 내 매니저라며 직접 운전하여 하루 종일 데려다 주었다. 여러 가지 일을 하느라 몸이 열 개라도 부족할 그가 무슨 이유로 이렇게 나를 도와주는지 모르겠다.

"형, 형은 기억 못 하겠지만 나 세계 여행 한다고 나갔다가 다쳐서 잠깐 한국 들어왔을 때 있잖아, 사실 포기도 많이 하고 자신감도 떨어져 있었거든. 그때 형이 해 준 말이 있어. 너는 힘들 때 더 뛰어야 하는 사람이라고. 내가 진짜 힘들 때 일으켜 준 사람이 형이야."

만약 그때 동진에게 "아마존 마라톤에 나간다고? 그래, 잘 하고 와!" 라는 짧은 조언으로 끝냈다면 어떻게 되었을까? 그가 힘든 일이 있을 때 바쁘다고 모른 체했다면 이런 동생을 얻을 수 없었을 것이다.

모든 인연은 우연히 갑작스럽게 나타난다. 상대방에 대한 배려가 있을 때 진정으로 인연을 만들 수 있다. 주위에 안 좋은 사람만 있다면 본인이 어떤 사람인지 냉정히 바라봐야 한다. 좋은 사람을 찾기 전에 좋은 사람이 되자. 사람은 비슷한 사람들끼리 만나기 마련이다.

무슨 일을 하든지 반드시 필요한 것이 몰입하는 힘이다.

목표를 정했으면 자신의 능력을 200퍼센트로 끌어올릴 수 있는 몰입을 해야 한다. 몰입으로 자신의 한계를 올리는 방법은 목표 자체를 불가능하게 설정하는 것이다. 목표를 200퍼센트로 설정하면 적어도 120퍼센트의 능력은 발휘할 수 있다. 우리는 어려운 문제에 맞닥뜨렸을 때 숨은 재능을 발견하곤 한다. 문제를 풀어내고자 하는, 이겨 내고자 하는 의지가 없는 힘까지 찾아서 발산시키기 때문이다.

내 안의 역량을 50퍼센트도 안 쓰고 방치하는 사람을 만나곤 한다. 이런 사람은 본인의 그릇이 충분히 큰데도 아무런 시도를 하지 않아서 자신의 능력이 얼마나 큰지 모른다. 내 안에 숨어 있는 50퍼센트를 찾으려면 그만큼 어려운 목표에 나를 던져야 한다. 이것이 그릇을 키우는 나만의 방법이다.

마라톤 첫 참가자가 있다고 하자. 그중 10킬로미터를 목표로 한 사람은 딱 10킬로미터만 뛸 수 있다. 하지만 20킬로미터를 목표로 하면 더 혹독하게 훈련할 테고, 마침내 20킬로미터를 완주할 것이다. 나는 2010년까지 마라톤 완주를 단 한 번도 해 보지 않았지만 목표를 250킬로미터로 정해 버렸다. 그리고 사하라 사막 250킬로미터를 완주했다.

내게는 사하라 사막 마라톤 필수 장비인 게이터가 없었다. 게이터가 없으면 달리는 동안 모래가 계속 신발에 들어와서 물집이 잡히고 장시간 지속되면 발바닥 통증을 일으킨다. 하지만 나는 크게 신경 쓰지 않았다. 게이터가 없으면 남들보다 자주 모래를 털어 내면 된다.

심지어 나는 전투 식량도 없었다. 모든 식량을 배낭에 넣고 뛰어야 했기에 부피가 크거나 무게가 나가는 식량을 준비하면 훨씬 힘이 든다. 하지만 두바이에서 일하며 매일 야근할 때라 그런 것들을 준비할 겨를이 없었다. 할 수 없이 카이로에 도착하자마자 한인 마트를 찾아서 라면 10개를 사 들고 가야 했다. 주위 다른 선수들이 내 식량을 보고 놀라서 본인들이 준비한 여유분을 라면과 바꿔 주었기에 라면으로 연명하지 않을 수 있었다.

하지만 내가 준비하지 못한 장비를 탓하며 사하라 사막 마라톤을 포기했다면 어땠을까? 마라톤은 한 번도 안 해 봤다고 지레 겁먹고 포기했다면 꿈을 찾을 수 있었을까?

내가 할 수 있는 것보다 조금 더 어려운 일을 하다 보면 당연히 고생스럽다. 해 보지 않은 일이고, 또 그만큼 모르는 문제이기에 더 끙끙대며 시간을 지체할지도 모른다. 하지만 기억하자. 힘들고 고통스러운 시기를 몸으로 부딪쳐 이겨 냈을 때 비로소 제대로 깨닫고 배울 수 있다는 것을.

꿀벌은 공기역학으로 보면 몸체, 몸무게, 날개의 폭과 크기 때문에 날 수 없는 구조라고 한다. 한마디로 날개는 작은데 몸이 커서 날아오를 수 없다. 중요한 건 꿀벌은 자신이 가진 한계를 모른다는 사실이다. 그래서 열심히 날갯짓을 했고, 아주 잘 날게 되었다.

변화를 시도하고 싶은데 시도 자체가 힘들다고 고백하는 이들이 있다. 그럴 때마다 나의 대답은 그리 길지 않다.

"당신이 어떤 일을 시작하든지 그 목표와 포부는 반드시 원대해야 한다!"

담배를 끊고 싶은데 잘 안 된다거나, 매일 운동하고 싶은데 잘 안 되는 이유는 사실상 몸이 머리에서 전하는 명령을 받아들이지 않기 때문이다. 이뤄 내고자 하는 포부의 크기가 너무 작으면 몸이 뜻대로 움직여 주지 않는다.

옆집에 사는 형은 하루에도 몇 번이고 우리 방에 건너와서 내 룸메이트와 담배를 피운다.

"아… 현호야, 난 담배 끊는 게 잘 안 돼."

"형, 근데 왜 끊으려는 거예요?"

"다음 주에 아내가 오거든. 아내는 내가 담배 피우는 걸 몰라."

"형이 끊으려는 이유가 형이 생각하기에 심각할 정도로 중대한 일이 아니다 보니 말로는 끊는다고 하면서 못 끊는 것 같은데요?"

이렇게 생각해 보는 것은 어떨까. 어느 날 밤 청부살인업자가 불쑥 찾아와서 지금부터 담배를 한 개비라도 피우는 순간 죽여 버리겠다고 협박한다면 담배를 입에 대지 못할 것이다. 공포심은 우리가 생각하는 것보다 어마어마한 힘을 가지고 있으니까. 담배를 끊어야만 하는 이유가 원대하지 않기에 머리와 입은 금연을 외치지만 손은 자꾸 담배를 쥐는 것이다.

인생의 쓰디쓴 맛을 다 보고 온갖 실패와 고초를 겪고 나자 인생을 송두리째 바꿔 보고 싶어서 금연을 결심한다면? 단언컨대 당장 해낼 수 있을 것이다. 그는 누구보다 절실하게 '변화'를 갈망하기 때문에 그 의식이 곧 행동으로 이어져 강한 실천력을 만들어 낼 것이다.

　무언가에 도전하고자 한다면 그 동기와 목표는 최대한 크게 가져야 한다. 그 목표가 원대한 만큼 간절한 마음과 실천의 의지가 치솟는 것은 분명한 이치다. 성취감만큼 짜릿한 느낌이 또 있을까.

도전과 실패

한국에 와서 이따금씩 강단에 설 기회가 있다. 중고등학생부터 기업가에 이르기까지 다양한 사람들이 보잘것없는 나의 경험담을 귀 기울여 들어 준다. 그들의 반짝이는 시선을 느낄 때면 내가 경험한 것들 중 가장 강렬한 메시지를 전달하기 위해 집중한다. 세상에는 정답이 없다고 말하면서 내 방식이 정답이라고 말하진 않았는지, 나도 가지지 못한 것을 가진 분들에게 가르침을 주려 하진 않았는지 경계하려 애쓴다.

어느 자리, 어떤 연령층 앞에 서든 꼭 나오는 질문이 있다. 질문은 크게 두 부류다. 하나는 도전의 의미를 묻는 것이고, 다른 하나는 실패를 어떻게 극복했는가 하는 것이다.

도전이란 무엇인가요?

내가 생각하는 도전이란 죽는 날까지 새로운 분야에 나를 던지며 나를 찾아가는 과정이다. 내가 해 보지 않은 분야, 가 보지 않은 곳, 경험해 보지 않은 일, 만나 보지 못한 사람들을 만나며 새로운 내 모습을 찾는 행위인 것이다. 내가 가진 그릇의 크기를 넓힐 수 있는 가장 알맞은 방법이다. 누군가에게는 글을 쓰거나 책을 읽는 일일 수도 있다. 나는 몸으로 직접 부딪치고 경험해 보는 것이 가장 적합했다.

도전은 특별한 일이 아니다. 나의 첫 번째 도전은 '나쁜 습관과 결별하기'였다. 열세 살 때부터 담배를 피웠다. 담배 특유의 냄새가 싫고, 담배 연기를 마실 때 자연스레 인상 쓰는 모습을 지우고 싶었다. 스물한 살까지 8년을 피웠지만 그 후 지금까지 11년째 끊는 중이다. 아니 절제하는 중이다. 도중에 회사 생활 할 때 1년간 다시 피웠고, 그 후로는 술을 마시면 종종 피우곤 했다.

그래서 술을 줄였다. 쓸데없는 술자리는 가지 않았다. 사실 내가 없어도 되는 자리가 너무나 많았다. 그런 자리는 굳이 참석하지 않았고, 내가 없다고 달라지는 건 딱히 없었다. 세상은 나 없이도 아주 잘 돌아간다.

술을 마시지 않으니 시간이 많이 남았다. 이번엔 TV를 없앴다. TV 앞에서 나도 모르게 허비하는 시간이 그렇게 많은 줄 처음 알았다. 시간이 많아지자 밀린 정리를 할 수 있었고, 일기를 한 자라도 더 쓸 수 있었고, 책을 한 줄 더 읽을 수 있었다. TV를 없앴을 뿐인데 하루가 26시간으로 늘어난 기분이었다.

거친 말로 남에게 상처를 주곤 하는 것도 고쳐 보려고 말수를 줄였다. 목소리 톤도 낮춰 보기 시작했다. 몇 년이 지나자 목소리뿐만 아니라 외모도 선하게 변했다.

이 모든 것은 기존의 나를 넘어서는 도전이었다. 내 일상 속에는 늘 수많은 도전이 존재했다.

도전을 어떻게 실행에 옮길 수 있을까요?

도전했을 때 잃을 것을 걱정해서 시도하지 못하는 경우가 많다. 하지만 시도하지 않아서 훗날 겪을 후회가 클지, 시도했다가 실패해서 잃은 것에 대한 후회가 클지는 도전하기 전에 스스로 생각해 볼 일이다. 나의 경우 고민되는 일이 있을 때마다 3년 후, 5년 후의 결과를 머릿속으로 그려 본다. 장기적으로 더 나은 그림이 그려진다면 도전하는 데 주저하지 않는다.

실제로 나이가 들수록 감탄하는 일이 줄어든다. 많은 일에 무덤덤해지는데 그럴수록 용기와 모험이 필요하다. 더 나은 내가 되고 싶은 자존감이 있다면 실행에 옮기는 일은 어렵지 않다.

실패를 어떻게 극복했나요?

실패한 일은 바로 잊어버리는 성격이라 굳이 떠올리며 괴로워하지 않는다. 후회와 불평, 험담은 하면 할수록 내가 가장 큰 피해자가 된다. 지난 일은 최대한 빨리 잊고 다음 할 일에 집중하는 것이 실패를 극복하는 가장 효과적인 방법이다. 사실 성격상 실패라고 생각하지도 않고 덤덤한 편이다. 과정에서 최선을 다했다면 굳이 실패라고 생각하지 않기 때문일 것이다. 내가 생각하는 가장 큰 실패는 최선을 다하지도 않았으면서 실패라 단정하고 아무것도 깨우치지 못하는 것이다.

나는 처음부터 가진 것이 없고, 남들보다 능력이 뛰어나지 않다는 것을 알기에 내려놓는 것, 잃는 것에 대한 두려움이 없다. 어쩌면 남들보다 열등했기 때문에 더 몰입할 수 있는 계기가 되었고, 무엇이든 도전할 수 있는 힘이 생긴 것 같다. 실제로 내가 무엇을 잃지는 않을까 하는 쓸데없는 걱정 때문에 더 소중한 것을 얻을 수 있는 시도조차 못할 때가 너무나 많다.

우리가 명심해야 하는 사실은 무엇을 얻기보다는 많이 잃어 볼수록 훗날 더 많은 것을 채울 수 있다는 것이다.

하고 싶은 일이 있을 때 돈 문제에 부딪치지는 않나요?

세계 45개국을 다녔지만 내 돈으로 간 곳은 호주와 일본뿐이다. 유럽 20개국은 후원제안서를 보내 여행사의 후원을 받았고, 넥슨과 삼성전자, 오리온 등에서 근무하며 출장으로 15개국을 다녔다. 나머지 국가는 대한산악연맹, 대학사회봉사협의회, 몽벨, 교환학생 등의 프로그램을 통해 다녔으니 돈이 없어서 하지 못했다는 것은 핑계에 가깝다. 돈이 없었기에 누구보다 간절했고, 기회를 잡기 위해 남들보다 하나라도 더 준비했다. 내가 부족한 점을 찾으면 무엇을 준비해야 하는지 전략을 세울 수 있다. 무슨 일을 하든 자신을 제대로 분석하는 것이 첫 번째다.

내가 경험한 인생은 '승부의 연속'이다. 회사에서는 동기들과 승부하고, 사랑에서는 다른 남자들과 승부하고, 학교에서는 다른 학생들과 승부해야 한다. 하지만 모든 승부는 비슷하다. 내가 부족한 면은 반드시 있고, 그 점을 최대한 보완하면서 내가 강한 부분을 완벽하게 준비하면 완승을 거두는 것이다. 장점을 드러내면 약점은 가려지기 마련이다. 한 가지로 승부를 보는 경우는 드물다. 여러 가지 승부에서 두루두루 우위를 점한다면 7전4선승제에서 먼저 4승을 점할 수 있다.

안정된 삶을 포기하고 불안정한 길을 걷는 이유가 뭔가요?
나는 사무실에 앉아서 보고서를 만드는 일이야말로 불안정하다고 느꼈다. 누군가는 시험 봐서 100점을 맞는 일이 사하라 사막 마라톤 250킬로미터 완주보다 쉽다고 얘기할지언정 나는 사하라 마라톤이 훨씬 쉽다고 느낄 뿐이다. 사람마다 재능이 다른 만큼 사고 자체도 다를 수밖에 없다. 누군가에게는 어려운 일이 나에게는 쉬울 수 있고, 내가 불가능이라 생각하는 것이 어떤 이에게는 일상일 수 있는 것이다.

내게는 정체된 일이 불안정한 길이다. 나 스스로 끊임없이 깨우치고 성장할 수 있는 길을 선택한 것뿐이지, 이 길이 불안정한 길이라고 생각하지는 않는다. 단지 눈앞에 화려한 결과나 부가 따르지 않을 뿐이다. 나는 알고 있다. 이 세상의 모든 가치 있는 일은 단기간에 효과가 나오지 않는다는 것을. 시간이 걸릴지라도 이리 치이고 저리 치이다 보면 꽃이 피어나리라는 것을. 가치 있는 일은 시간이 걸릴 뿐이다.

전 세계를 돌아본 결과 가장 추천하는 곳은 어느 나라인가요?

나라마다 각기 다른 아름다움이 있지만 젊은 청년이 묻는다면 '호주'를 추천하고 싶다. 호주는 전 세계 청년들이 찾아오는 곳이라 호주에 가면 마치 세계를 여행하는 듯한 경험을 할 수 있다. 단기 여행보다는 적어도 한 달 이상의 장기 여행을 추천한다.

　문화는 함께 어울리고, 일하고, 밤새 놀고, 다투고, 토라지면서 배우는 것이다. 이런 일들을 단기간에 깨우치기란 불가능하다. 물론 이 모든 것은 받아들일 준비가 되었을 때 가능한 이야기다. 영어가 두렵다거나 같은 방에서 외국인이랑 어울리는 게 불편하다면 새로운 것들을 채우기도 힘들다. 모든 것은 마음가짐에 달려 있다.

　여행은 행복의 집합체다. 말하기, 먹기, 놀기, 걷기 등 행복의 감정을 느낄 만한 것이 전부 들어 있다. 자꾸 떠나다 보면 내면의 힘이 길러진다.

내가 정말 하고 싶은 일을 어떻게 찾을 수 있을까요?

먼저 내가 어떤 사람인지 알아야 한다. 내가 무엇을 좋아하는지, 어떤 일을 할 때 가장 지루해하지 않고 오래 하는지, 어느 장소에 있을 때 가장 설레는지, 어떤 사람들과 잘 어울리는지, 어떤 분야에 약한지 등을 분석해 봐야 한다. 많은 경험을 하다 보면 내가 무엇을 잘하고 무엇을 원하는지 감이 온다.

그런데 내가 하고 싶은 일과 직업 삼고 싶은 일을 헷갈리는 경우도 있다. 분명 좋아하는 일이지만 직업으로 선택하면 실상이 전혀 다르기 때문이다. 좋아하는 일은 장점만 보이기 때문에 그 밝음 밑에 얼마나 많은 어둠이 있는지 모르는 것이다. 실제로 경험해 보는 수밖에 없다. 현업에 뛰어들어 봐야 직업으로 삼고 싶은지, 단지 남에게 보여 주고 싶은 건지, 그저 좋아하는 일인지 알 수 있다.

경험할 수 없는 상황이라면 현직에 있는 이들을 직접 만나야 한다. 지금은 조선시대가 아니다. 멕시코에서 비행을 익히고 아부다비의 항공사에 취업하는 시대다. 내가 원하는 사람은 구글, 페이스북을 통해서 얼마든지 찾을 수 있는 세상이다. 현직에 있는 이들은 지금 내가 하는 고민을 이미 오래전에 경험한 사람들이다. 누구보다 현실적인 조언을 해 줄 수 있다. 혼자 고민한다고 해결되는 문제가 아니다. 용기를 가지고 찾아가야 한다. 정답은 집 밖에 있다.

슬럼프에 빠지거나 무기력해질 때는 어떻게 극복하나요?

나를 힘들게 한 악당들의 얼굴을 떠올린다. 승부욕이 강한 내게는 최적의 방법이다. 나를 비방하는 사람, 사람들 앞에서 굴욕을 안겨 준 사람, 대놓고 무시하는 사람을 생각하면 좀 더 노력해서 더 나은 위치에 올라 그들이 내게 먼저 손 내미는 상상을 한다. 더 나은 내가 되어 그들이 먼저 손을 뻗는 장면이 내가 생각하는 최고의 복수이기 때문이다.

성격상 승부욕이 강하지 않다면 병원에 가 볼 것을 권한다. 생사가 눈앞에 놓인 이들과 그 가족들의 오열을 두 눈으로 직접 봐야 한다. 건강하게 살아간다는 사실에 더없이 감사할 것이다.

선택의 기로에 있을 때는 어떻게 하나요?

선택의 갈림길은 매 순간 찾아온다. 나는 5년 후, 10년 후의 모습을 그려 본다. 어느 쪽을 선택했을 때 5년 후의 모습이 더 나은지 상상해 보고 그쪽을 선택한다. 지금 당장의 효과만 바라보고 선택하면 실수하는 경우가 종종 있지만, 장기적으로 바라보면 지금 당장 힘들고 어려워도 제대로 된 방향을 잡는 경우가 많다.

회사를 그만두고 비행하겠다고 했을 때 나는 대리 승진 예정자였다. 그렇게 월급이 조금씩 오르고, 나름대로 커리어를 키워 나갔다면 회사에서도 입지를 다졌을 것이다. 하지만 5년 후의 내 모습은 내 앞에 앉아 있는 과장님과 크게 다르지 않을 것이다. 파일럿의 길에 도전한다면 쉽지는 않겠지만 항공사의 부기장이 될 거라는 확신이 있었다. 물론 가능성이 낮은 모험이긴 했지만 나의 노력이 뒷받침된다면 할 수 있다는 자신감이 있었다. 지금은 1퍼센트의 가능성만 보이면 할 수 있다고 자신한다.

도전에 대한 두려움을 어떻게 극복하나요?

미국에 있는 동안 에세이를 쓰고 싶었다. 하루에 한 장씩 차근차근 써 보기 시작했다. 그렇게 두 달을 쓰다 보니 마침내 A4 100장 정도 되었다. 출간기획서를 만들었다. 주위의 책을 낸 친구들에게 물어보니 출판사에 전달해야 검토해 준다고 했다. 하지만 스스로 증명하고 싶었다. 홈페이지를 통해 투고했을 때 내 원고가 정말 괜찮다면 분명 좋은 피드백이 올 것이란 생각이 들었다. 정말 좋은 원고라면 하루에 수백 편씩 쌓이는 원고 중에서도 빛나지 않겠는가. 실험해 보고 싶었다. 기적처럼 정말로 몇 군데에서 연락이 왔다. 이 도전에 실패한다면 독자들도 읽지 않을 것이란 생각이 들었기에 도전해 보았다.

미국에 막 도착해서 비행을 시작할 때 많은 학생들이 시험에 떨어질까 봐 두려움을 안고 있었다. 실제로 시험에 두 번 떨어진 선배들은 과정에서 이탈했고, 그 모습을 눈으로 직접 보니 공포감으로 다가왔을 것 같다. 그 과정에서 탈락을 면하기 위해 수단과 방법을 가리지 않는 학생도 더러 있었다. 그렇게까지 하고 싶지 않은 이유는 내가 최선을 다하면 두려움이 생기지 않기 때문이다. 최선을 다할 용기가 없을 때 두려움으로 포장하는 것이다. 두려움을 안기 전에 스스로에게 질문해 보자. 나는 정말 죽을힘을 다해서 최선을 다했는가.

재미있게 살고 싶습니다. 어떻게 하면 될까요?

남의 눈치를 보지 않으면 하루가 바뀐다. 누군가에게 미움받지 않을까 하는 걱정, 누가 쳐다보지 않을까 하는 걱정, 나를 이상하게 보지 않을까 하는 걱정을 없애면 정말 나다운 모습이 나오기 시작한다. 그러한 용기를 가지고 하루를 살면 새로운 일을 맞이할 수 있다. 처음 보는 사람들하고는 새로운 대화를 할 수 있고, 자주 보는 사람들하고는 속 깊은 대화를 이끌어 낼 수 있다. 사람을 만나면 만날수록 새로운 기회가 생기는 것은 자연스러운 일이다.

욕먹는 것을 두려워하지 말아야 한다. 미움은 일시적인 감정일 뿐인데, 누가 나를 욕하고 미워하면 큰일이라도 나는 것처럼 오해할 때가 많다. 이 세상 모든 사람이 나를 좋아할 수 없다는 사실을 인정하면 진짜 내 색깔을 찾을 수 있다.

하늘은 체리색일 때도 있고 연보라색일 때도 있다. 우리의 성향, 성격, 모습에도 다양한 색이 있다는 것을 잊으면 안 된다. 나만의 색을 갖춰야 남들도 좀 더 나은 모습을 기억하는 법이다.

또한 내가 잘 못하는 분야에 뛰어들어야 한다. 내가 잘하는 분야에서 1등하는 것은 대단한 일이 아니다. 어찌 보면 당연한 일이다. 하지만 전문 분야가 아닌 곳에서 1등을 한다면 이루 말할 수 없는 성취감이 따를 것이다. 남들이 하기 싫어하는 분야에 도전할 때 나만의 독특함이 탄생한다. 남들과 똑같이 하려고 들면 내면이 단단해질 수 없다.

꿈의 종착지는 구체적으로 어떤 모습인가요?

가정을 이루는 것만큼 큰 꿈은 없다. 어여쁜 손주, 듬직한 아들, 사랑스런 남편, 친구 같은 아빠, 아들 같은 사위, 멋있는 할아버지가 되는 일이다. 어릴 때부터 가정에 대한 꿈이 워낙 크고 자녀 교육에 대한 계획이 특별하기에 하고 싶은 일도 많다. 그런 만큼 더 신중하게 배우자를 고르고 싶고, 이상형보다 더 나은 사람을 만나고 싶은 욕심이 있다. 쉽지 않은 일인 줄 알지만 꼭 이루고 싶은 목표다.

가정에서 훌륭한 사람이라면 사회적으로도 좋은 영향을 미칠 거라고 생각한다. 가정도 제대로 지키지 못하는 사람이 어떻게 큰 사회와 조직을 지킬 수 있단 말인가.

죽음이 두렵지는 않나요?

죽음에 관해 종종 생각한다. 내일 죽는다면 오늘 매달려 있는 일이 진정으로 가치 있는 일인지 끊임없이 질문한다. 눈을 감는 생의 마지막 순간에 웃고 싶다. 참 행복했노라 이야기하고 싶다. 내가 열심히 살아가는 가장 큰 이유이기도 하다.

스티브 잡스는 대학 졸업 축사에서 이렇게 말했다.

"죽음에 직면해서는 외부의 기대, 자부심과 자만심, 수치심과 실패에 대한 두려움은 모두 떨어져 나가고 오직 진실로 중요한 것들만 남습니다."

훗날 병에 걸려 몸의 장기가 말을 듣지 않는다면 고액 수술이나 화학 요법으로 연명하고 싶지 않다. 목숨을 이어 가는 게 능사가 아니라 마지막 순간까지 행복한 것이 내가 원하는 죽음이다.

내가 가진 모든 것은 필요한 곳에 쓰이길 바란다. 재산이든 몸이든 사회에 도움이 될 만한 것들은 다 내주고 싶다.

마침내 눈을 감을 때는 많은 이들이 함께하기를 원한다. 내가 그들에게 직접적으로 도움을 주지 못했더라도 그들의 삶에 작은 영향이라도 주었기를 바랄 뿐이다.

그러기에 오늘 1억을 버는 사람이 되고 싶지 않다. 내가 죽고 난 뒤에도 많은 것을 사회에 돌려줄 수 있는 일을 하고자 한다.

나는 오늘도 사람을 통해 성장하고, 사람들의 눈빛에서 내가 할 일을 배운다. 강연의 가장 큰 수혜자는 늘 강사 자신이다. 솔직히 나 같은 놈이 남들 앞에서 무슨 말을 할까 싶었다. 아직도 1년에 한두 번은 인사불성이 되도록 술에 취해 어떤 사고를 저지를지 모르고, 쓸데없는 고집으로 두 귀를 닫고 내 말만 할 때도 있으며, 나이와 상관없이 나와 맞지 않으면 막말을 하곤 하는데 말이다.

나는 '경비행기 세계 일주'라는 말도 안 되는 프로젝트를 꿈꾸는 중이다. 한국항공우주산업에서 국토교통부의 지원을 받아 개발한 나라온(KC-100)이라는 비행기가 있다. 국내 첫 국제 인증을 받은 비행기로서 우리 항공 기술로 만들어 낸 쾌거이지만, 여러 가지 문제 때문에 아직 수출을 못 하는 상황이다. 절대적인 시간을 통해 안정성을 검증해야 하고 브랜드 밸류도 필요할 텐데 그 정도의 여건은 아닌 것 같다. 그렇다고 경쟁사 대비 가격이 저렴한 것도 아니다 보니 쉬운 일은 아니다.

하지만 내가 그 비행기를 빌려서 전 세계 잠재 고객사, 항공 엑스포 등을 돌아다니며 직접 시범 비행, 체험 비행, 프레젠테이션을 한다면 어떨까? 적정한 가격선을 이끌어 내어 양산에 성공한다면 우리는 더 많은 투자를 하여 항공 기술의 발전을 꾀할 수 있을 것이다.

전 세계를 다니며 일반인을 선발해 내 옆 부조종사 자리에 태우고 비행의 기회를 안겨 주고 싶다. 현실적으로 비행이 힘든 장애인, 삶의 희망을 잃은 암 환자, 파일럿을 꿈꾸는 청소년 등을 선발하여 해당 국가에 도착하면 그들에게 먼저 비행의 기회를 주는 것이다.

미국에는 장애인이 비행을 배울 수 있는 에이블 플라이트라는 단체 (www.ableflight.org)가 있다. 언젠가 한국에도 이런 단체가 설립되는 날을 기대한다. 아시아의 많은 국가에서 장애인들에게 비행의 기회를 주기 위해 한국을 찾아올 것이라 기대한다.

동시에 전 세계 마라톤 대회에 참가하며 새로운 기부 문화를 만들 것이다. 카카오톡 혹은 페이스북을 연동한 기부 문화를 만들어서 함께 한 이들이 일회성으로 끝나지 않고 지속적으로 돕고 상생하는 기반을 만들 수 있을 것이다.

비행하는 동안 모든 경비를 지원해 줄 타이틀 스폰서도 많은 효과를 볼 것이다. 내 비행은 실시간 온라인 스트리밍 서비스를 통해 전 세계인이 클릭 한 번으로 지켜볼 수 있으며, 내 위치 또한 실시간으로 파악할 수 있다. 스폰서의 제품과 서비스를 보여 주며 특장점을 자연스레 녹일 수 있다면 어마어마한 광고 효과를 얻을 것이다.

미국에서는 해리슨 포드, 부시 전 대통령을 초대해 직접 나라온을 조종하는 경험을 선사할 것이다. 영국에서는 버진 그룹 회장 리처드 브랜슨이 부조종석에서 직접 조종하며 한국 기술에 대해 찬사를 아끼지 않을 것이다. 뉴욕에서는 각국의 UN 대사를 만나 각 나라에서 할 수 있는 부분에 대해 이야기할 것이다. 누가 알겠는가. 나는 북한 영공을 날고 있을지도 모른다.

이 모든 과정을 영화로 제작하여 칸 영화제에 출품할 수도 있고, 경비행기로 세계를 일주한 이야기를 담은 내 책이 전 세계에서 출판되며 많은 이들과 소통할 것이다.

한국에서 출발해 동남아, 오세아니아, 중동, 유럽, 아프리카, 북미, 중미, 남미, 중미, 북미를 돌고 다시 한국으로 돌아오는 1년여의 루트를 계획하고 있다. 비자, 비행기 등록과 관련하여 못 가는 나라도 많겠지만, 필요로 하는 곳이 있다면 최대한 많은 나라를 가 보고 싶다. 내가 잘하는 일을 통해 원하는 곳에 가서 필요로 하는 이들에게 도움을 줄 수 있다면 그보다 큰 행복은 없다. 나 혼자 즐거운 도전은 더 이상 의미가 없다. 나만이 가능한 일로 남들에게 도움을 주고, 누군가의 삶이 조금이라도 변할 수 있다면 무엇이든 해 볼 만한 이유가 된다.

경비행기 세계 일주에 도전한 파일럿들의 웹사이트가 있다(www.

earthrounders.com). 이곳에는 전 세계에서 다양한 방법으로 경비행기 세
계 일주에 도전한 이들의 도전기가 담겨 있으며, 세계 곳곳에서 정기 모
임을 갖기도 한다. 대부분은 30~60일 일주하는 데 그치지만 모든 일정
을 전 세계인과 함께 할 수 있다면 더 큰 의미가 있을 것이다.

내 계획을 듣고 나서 가장 좋아한 두 분이 있다.

한 분은 노익상 한국리서치 회장님이다. 대한산악연맹 오지탐사대
위원장으로서 나와 오지탐사대를 2년 동안 진행했다. 아버지처럼 모시
는 분이라 그분이 하시는 일은 어떤 상황에서도 꼭 따랐고, 그래서인지
특별히 나를 예뻐해 주셨다.

경비행기 세계 일주 계획을 듣자마자 첫마디가 "야, 이거 좋다!"였
다. 늘 어린아이같이 웃는 그분의 모습을 존경한다. 이미 사회적으로 높
은 자리에 있음에도 불구하고 순댓국집에서 소주잔을 기울이는 소탈한
모습이 정말 멋지다. 회장님은 나의 계획을 하나하나 진지하게 듣고 나
서 말씀하셨다.

"너무 조급해하지 마. 천천히 하다 보면 길이 보일 거다. 나도 도울
일이 뭐가 있는지 같이 찾아보자, 허허!"

또 다른 사람은 기연이 형이다. 카이스트 MBA를 마치고 합병 전문
가로 일하는 형은 이 프로젝트를 듣더니 농담처럼 회사를 관두고 함께

하고 싶다며 좋아했다. 실제로 공익 단체 설립, 명함 제작, 제안서 아이디어 등 많은 일에 도움을 주고 있다. 기연이 형의 소개로 고용노동부 멘토에 선발되어 K-Move 프로젝트에 참가하기도 했다.

주위에 좋은 사람이 많아졌다. 살면서 느끼는 가장 큰 변화다. 이들이 있기에 나는 오늘도 불가능한 꿈을 꾼다.

나는 늘 불가능한 일에 대한 도전을 가슴에 품고 있었다. 젊은이가 지닐 수 있는 특유의 멋을 온몸 가득 지니고 싶었다. 인간은 왜 물속에서 숨 쉴 수 없을까? 물고기처럼 아가미가 없으면 공기통을 들고 가면 되고, 지느러미가 없으면 오리발을 차면 되고, 비늘이 없으면 슈트를 입으면 되는 것이다. 그렇게 바다 속 세상을 보고 감동받으며 또 다른 나를 발견해 나갔다.

그렇다면 인간이 하늘을 날 수는 없을까? 이번에는 날개가 없으니 조종하는 법을 배워서 스스로 하늘을 날아 보고 싶었다. 그렇게 몇 년을 준비하고 노력한 결과, 미국연방항공청(Federal Aviation Administration)의 사업용 조종사가 되었다.

남들은 하늘을 볼 때 고개를 들지만, 나는 비행기에서 하늘을 내려다보며 살고 있다. 첫 솔로 비행을 할 때는 내가 타고 있는 비행기를 지면에 내릴 수 있는 존재가 나뿐이라는 사실이 소름 끼치도록 짜릿했다.

이런 흐름을 따라 이곳에서 새로운 나를 발견하는 시간을 갖게 될 것이다. 그리고 어느 날 항공사의 파일럿이 되어 다시 나의 한계를 넓히는 시간을 만들어 갈 것이다.

나는 한자리에 안주하는 대신 새로운 목표를 세워서 지속적으로 도전하고,

벽에 부딪히고, 고민하고, 한계를 넓히며 새로운 인생을 살아갈 생각이다. 파일럿이 되고 나서 나의 한계를 넓히며 지금은 생각조차 못 할 더 큰 일에 도전해 나갈 그날이 기대된다.

10년 후의 나는 경비행기로 세계 일주를 하고 있을지도 모르고, 북한과 남극에 다녀왔을지도 모른다. 혹은 비행을 그만두고 다른 소소한 일을 할 수도 있다. 중요한 것은 더 큰 성장을 위해, 더 나은 세상을 위해 고민하고 도전하는 내 모습이다.

한 친구가 이런 말을 했다.

"딱 10년 전으로 돌아갔으면 좋겠다. 그럼 뭐든 열심히 해 보고 싶어."

나는 정반대다. 순간순간이 내 인생의 절정이고 전성기다. 늘 새로운 일에 도전하며 치열하게 살아왔기 때문일까? 돌이켜 보면 행복한 날들이지만 다시 돌아가고 싶지는 않다.

나는 잘 알고 있다.

오늘의 내가 어제의 나보다 낫다는 것을 말이다.